JN430322

한국의 아름다운 찻자리

Beautiful Korean tea table setting

한국의 아름다운

Beautiful Korean tea table setting

김 태 연

한국의 찻자리는 아름답고 그윽하고 담백하다. 그리고 때로는 화려하고 풍성
하다. 녹차는 녹차대로, 흑차는 흑차대로, 말차는 말차대로 그 격식과 형식미
가 다르다. 자연을 품에 안은 넓은 찻자리, 오밀조밀한 실내의 여백을 살린
공간미를 가진 작은 찻자리의 세계를 찾아가본다.

마음을 나누는 **찻자리**
Tea table setting for sharing hearts

Dreaming our enjoyable tea table setting

"You are a truly happy tea devotee.
Maybe because you live as a right-minded tea devotee, your family and
business are all thriving. How happy you are!"
One day when spring flowers were in full blossom, I was traveling
provinces to take pictures of tea table settings, and a tea devotee said the
above sentences to me in a car. Although days went by, my mind was still
occupied with those sentences from the tea devotee.

우리들의 행복한 찻자리를 꿈꾸며

"선생님은 너무도 행복한 차인이세요.

올곧은 다인으로 사셔서 그런지 가정도 하시는 일도

모두 바른 것을 보니 얼마나 행복하세요."

봄꽃이 활짝핀 어느 날 찻자리 촬영을 위해 지방을 다니던 차안에서 어느 한 차인이 나에게
말을 걸어 오는 것이었다. 하루가 지나고 또 하루가 지나도 그 차인의 말은 내 가슴에 울림
처럼 자리 잡고 있었다. 그래서 곰곰이 33년 차생활을 회상해보았다. 나의 가족, 함께한 차

So, I looked back the past 33 years of my life with tea. My family, my tea devotee friends, and my students are all right-minded and happy people. I could see a tea devotee is who has lived a life of "boundary" that never deviates from a fence of soundness.

The first time when I met tea culture was in the mid 70's. Since my husband and I liked antiques, we had a chance to see a tea bowl. I still cannot forget the first time of meeting Mr. Jeong-Hee Shin who has a pottery kiln nearby Tongdo Temple in Yangsan, Kyungnam province.

"Mrs. Kim, help me and our people to have honor.

인들, 제자들도 모두 올곧고 행복한 사람들이었다. 차인이란 건강한 울타리 안에서 결코 벗어나지 않은 '경계'의 삶을 살았던 것을 알 수 있었다.

내가 처음 차를 접한 때는 1970년 중반 부부가 골동품을 좋아해 다완을 만난것 때문이다. 경남 양산 통도사 인근에 가마를 연 신정희선생과 첫 만남을 지금도 잊을 수 없다.

> "김선생 내 체면과 우리나라 국민들의 체면 좀 살려줘야겠어요. 일본왕실이나 사회지도층인사들이 내 다완을 사면서 한국차인들과 교류를 하게 해 달라 조르는데 도대체 차하는 사람이 있어야 말이지! 김선생이 우리차를 하면 내가 일본사람들과 교류하는 것을 도와줄 테니 우리나라 위상을 세우는 셈치고 꼭 했으면 좋겠습니다."

그렇게 시작된 차인생은 내 인생의 중심이요, 전부였다. 그것은 앞으로도 변치 않을 사실일

Japanese royal family and upper class buy my tea bowls and ask me to
introduce Korean tea devotees, but there is no right person for that! I
hope you start to learn about Korean tea culture for our country's dignity,
and I will help you have interactions with Japanese people if you do that."
That was the new beginning of my life with tea, and it became the center
and the whole of my life. This will be the same in the future too. I was
lucky to have the opportunity to learn about tea. Through tea, I was not
only able to understand and learn our traditional culture but also
communicate with the world.

것이다. 차를 만난 것은 나에게 큰 행운이었다. 차를 통해 나는 우리 전통문화를 배우고 익
혔을 뿐만 아니라 세상과 소통할 수 있게 되었다. 전국의 수많은 다우들, 도예가, 제다인들,
그리고 문화인들과 소통을 하며 찻자리를 가졌다. 그러나 1세대 선배차인으로서 문화적 괴
리감은 깊어져만 갔다. 언제까지 우리차문화가 제자리 걸음만 하고 있을 것인가 하는 고민
이었다. 그 고민은 한국현대차문화의 산업화와 대중화를 위해 다화, 찻자리, 행다례를 체계
적으로 정리할 결심으로 이어졌다. 그 기본 토대는 물론 옛것의 반복이나 모방이 아닌 창작
을 통한 새로운 진로의 설정이었다. 그래서 시작한 첫작품이 '다화'였다. 찻자리의 꽃이라 할
수 있는 '다화'는 많은 사람들의 주목과 사랑을 받았다. 첫 시도의 성공은 나에게 용기와 자
신감을 주었다. 바로 두 번째 작업에 들어간 것이다. 조금 쉬었다 하자는 주변의 만류를 뿌
리치고 '한국의 아름다운 찻자리'를 시작한 것이다. 여름, 가을, 겨울, 봄이 가고 또 여름이

I shared tea with many tea devotee friends, potters, tea cultivator, and artists who were all over the country. However, as the first generation of tea devotees in modern era, I felt deeply about cultural disparate. I was concerned about our tea culture that was not in a progress. This anguish motivated me to decide to organize a tea table flower arrangement, a tea table setting, and a tea ceremony systematically to industrialize and popularize Korean modern tea culture. The foundation of the organization was not repetition or mimicry of the old custom, but through creating a new way. Hence, my first work 'Tea table Flower Arrangement' came to be. Tea table Flower Arrangement is an essential part of the tea table setting so it was received lots of attention and love form people. The success of this first attempt gave me courage and confidence. Right after the first attempt, I started my second project. People suggested me to take a break, but I started to work on the second project "Beautiful Korean tea table setting".

올 무렵 한국의 아름다운 찻자리를 위한 대장정은 막을 내릴 수 있었다.
다화가 실내공간에서 시도한 다양한 창작의 변화라면 한국의 아름다운 찻자리는 다양한 현장성과 공간성 시간성을 모두 고려한 전국적인 투어였다. 먼저 옛날에 관심 있게 지켜본 찻자리 탐사를 나갔다. 그곳에 그 찻자리가 아직도 유효한가를 확인한 후 스케치북을 들고 가상세팅과 찻자리 목록을 기재했다. 모든 가상의 세팅을 마친 세 번째에 비로소 찻자리 촬영에 들어갔다. 이리하여 완성된 것이 한국의 아름다운 찻자리다. 완전 창작으로 이루어진 130여 찻자리가 세상에 그 모습을 보인 것이다. 전국을 수차례 순회하면서 순간순간 기도하며 이루어낸 한국의 아름다운 찻자리는 나의 것이 아닌 우리 모두의 것으로 영광을 돌린다.

Summer, autumn, winter, spring passed, and by the time another
summer arrived the great long march for "Beautiful Korean tea table
setting" came to the end.

If a tea table 'Tea table Flower Arrangement' was an attempt of changes
to have various creations indoors, "Beautiful Korean tea table setting"
was a nationwide tour in terms of the various field, space, and time.

First, I went to investigate the possible tea table setting locations where
I was interested since long ago. After I confirmed if the tea table setting
location was still usable, I sketched an imaginary setting and wrote a list
of tea table setting on my sketchbook.

After I finished considering all possible settings for the three times, finally I started to take pictures of the tea table setting.

Through these processes, I completed the project of "Beautiful Korean tea table setting" About 130 tea table settings that were all by sheer creation were presented to the world. I do honor to all of you who prayed every moment when we made several nationwide tours to accomplish "Beautiful Korean tea table setting". Hence, it is not my honor but your honor. The reason is because those projects that the members, potters, and I worked together were all for tea devotees and artists in Korea. I also hope my work can be the foundation of Korean tea culture that can open the new era of tea party culture and leads the world beyond Korea. I express my gratitude to the potters, the members of World Christian Tea Culture Association, Manager Tae Kyo Moon, Chief Editor of Tea and Culture Sang Kyoon Lee who gave an effort to publish the book of 'Beautiful Korean Tea Table Setting' and my family who trusted me and prayed for me.

2009 Early summer Yoondang, Tae Yeon Kim

나와 회원들 그리고 도예가들이 함께한 작업들은 순전히 새로운 찻자리 문화를 요구하는 한국의 차인들 한국의 문화인들을 위해 만들어진 것이기 때문이다. 나를 시작으로 한국의 차문화가 한국을 넘어 세계를 지배하는 새로운 티파티문화를 만들어가는 초석이 되었으면 하기 때문이다. 그동안 '한국의 아름다운 찻자리' 책이 세상에 나오기 위해 애쓴 도예작가들, 세계기독교차문화협회 회원들과 문태규실장, 차와 문화 이상균편집장, 나를 믿고 기도해준 가족들에게 다시 한번 감사의 말씀을 드린다.

2009년 초여름 윤당

21세기 아름다운 찻 자리를 꿈꾸며
Dreaming beautiful tea table setting in 21c

(사)한국차인연합회 회장 박권흠
Chairman of Federation of Korean Tea Masters Society PARK, KWON-HUM

차의 성인으로 불리는 육우는 다경(茶經)에서 차(茶)는 정행검덕지인(精行儉德之人)이 마시는 것 이라고 했습니다. 그것은 찻자리에 어떤 사람과 함께 하느냐가 중요하다는 뜻으로 해석 할 수 있습니다. 아름다운 찻자리를 평가하는데 으뜸이 되는 것은 그 자리에 앉아 차를 마시는 사람의 아름다움이라고 생각합니다. 반듯한 사람, 검소하고 덕이 있는 사람과 더불어 차를 마시는 자리가 아름다운 찻자리가 되겠고 거기에 아름다운 다기, 색향미(色香味)를 갖춘 아름다운 차 맛, 그리고 아름다운 풍광(風光)이 어우러지면 그야말로 다도(茶道)의 참 모습이 될 것입니다. 평생을 한국 차문화(茶文化) 발전을 위해 살아온 김태연 한국차인연합회부회장은 다화 연구가이자, 찻자리 연구가이기도 합니다. 그 첫 번째 노작으로 찻자리의 등불이라고 할 수 있는 '다화(茶花)'를 출간했습니다. 그리고 그 여세를 몰아 다도의 참모습이랄 수 있는 '한국의 아름다운 찻자리'를 출간하게 되었습니다.

김태연부회장의 역작(力作)들은 아직까지 체계화되어 있지 않은 한국 차문화 연구에 지침판이자 나침판역할을 할 것으로 기대됩니다. 뿐만 아니라 한국다도의 다양한 모습을 국내외에 알리는 또 하나의 쾌거를 이룰 것으로 보입니다, 그런 점에서 김태연 부회장의 이번 출간은 많은 의미를 갖는다고 할 것입니다. 현대 한국 차문화(茶文化) 운동사의 현장에서 한국 차문화 발전을 위해 노력해온 아름다운 한 차인이 평생을 걸쳐 이룩하고 창작해낸 '한국의 아름다운 찻자리'가 차인들뿐만 아니라 많은 문화인들에게 사랑받는 책이 되었으면 합니다.

아름다운 창조, 그 매혹의 향기
Beautiful creation, the captivating scent

(전) 배재대학교 총장 (사)바르게살기운동중앙협의회 중앙명예회장 박강수
former president of Paichai University
The Society for a Better Tomorrow honorary chairman PARK, KANG-SOO

노블레스 오블리주의 길은 쉬우면서도 어려운 길이다. 존경과 모범은 형식과 내용을 모두 갖춘 내면의 인격과 실천에서 우러나오는 절대적인 것이기 때문이다. 그런 점에서 문화는 정체성의 확립에 필수불가결한 것이다. 전 세계의 많은 지도층 인사들이 주최하는 만찬은 한나라 문화의 수준과 전통의 멋이 어디에 있는지를 알게 해준다. 한국 전통 문화의 멋을 최고의 수준으로 담아낸 찻자리는 우리 문화수준의 총체성을 담보하고 있는 것이라 여겨진다. 선고 차인들의 찻자리에는 자연과 벗 삼은 풍류, 시대를 관통하는 담론, 관포지교(管鮑之交)의 지극한 교류가 담겨져 있었다. 찻자리는 차문화의 모든 것을 담고 있다. 도자기, 다화, 차 그리고 분위기까지 모두 고려한 차문화인 것이다.

그럼에도 불구하고 지금껏 우리 찻자리에 대한 진지한 성찰이나 연구가 제대로 이루어진 적이 없었다는 것은 한국차문화의 아쉬운 부분이었다. 찻자리에 대한 연구 성과가 바로 한국 차 문화 수준을 국내외에 알리는 것이고 차문화(茶文化)의 보급에 꼭 필요한 것이기 때문이다. 금번에 출간되는 (사)한국차인연합회 김태연 부회장의 '한국의 아름다운 찻자리'가 현대 한국차문화사에서 시사하는 바는 매우 크다고 보여 진다. 새로운 찻자리의 창조를 통해 우리시대에 맞는 찻자리를 만들어냈다는 것이다. 이런 면에서 '한국의 아름다운 찻자리'는 우리시대 차 문화의 새로운 이정표로 기록될 만한 커다란 성과물로 기록될 것이다. 전통을 이어받아 오늘에 접목시킨 '한국의 아름다운 찻자리'가 이시대의 노작(勞作)이길 간절히 바란다.

CONTENTS

찻자리 **미학**

Aesthetics of Tea table setting

'한국의 아름다운 찻자리'에 소개된 김태연 찻자리의 미학은 철저하게 실용
적이며 대중적이고 개방적으로 연출하려고 노력하였다. 그리고 그것이 지금
껏 시도해 보지 못한 창작과 창조의 영역이라는 점을 주목해 주길 바란다.

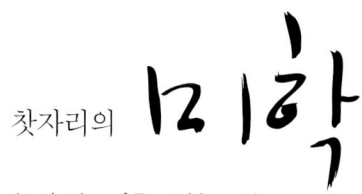

찻자리의 미학

Aesthetics of Tea table setting

세계기독교차문화협회 회장 박천현

Chairman Cheon-Hyun Park   World Christian Tea Culture Association

Now in a globalizing world, boundaries between states or nations are becoming blurred. Based on this phenomenon, some scholars anticipate that the people in states or nations who have characteristics of nomads may lead the world. However, scholars are focusing on creating products based on the contents of globalized culture. In the time of blurred boundaries between states or nations, the way of building up a national identity is through building up a cultural identity.

Then, we can ask a question what kind of our traditional culture could

세계는 지금 글로벌한 시대에 진입해 있다. 국가와 국가 민족과 민족의 경계가 점차 희미해지고 있는 것이다. 그래서 세계의 석학들은 향후 유목민의 기질을 가진 민족이나 국가가 세계의 주도권을 잡을 수 있을 것이라는 전망을 내놓기도 하고 있다. 그러나 세계의 석학들이 주목하고 있는 것은 바로 세계화된 문화컨텐츠 상품화다. 민족과 민족 간의 경계가 허물어지고 있는 지금 국가와 민족의 정체성을 확보할 수 있는 길은 바로 문화의 정체성을 확보하는 것이기 때문이다.

그렇다면 우리 전통문화중 세계로 퍼져나갈 수 있는 것은 무엇인가 하는 질문을 할 수 있다. 그 질문에 대한 해답을 이미 우리는 갖고 있다. 다만 그것을 제대로 인식하고 있지 못할 뿐이다. 그 주인공은 바로 차문화이다. 차문화는 이미 우리가 알고 있는 것처럼 차를 통해

spread out to the world. We already have the
answer to the question although we do not
recognize it fully. The answer is our tea culture.
As we already know, tea culture can totalize the area
of potteries, crafts, natural dye, tea snacks (pattern-pressed candy), tea
setting flower arrangement, etc. woven together.
One step forward, tea culture has a potential of becoming a performance
culture with tea ceremony and art pottery.

도자기, 공예, 천연염색, 다식, 다화 등 모든 분야가 씨줄과 날줄로 엮일 수 있는 총체화된
문화이기 때문이다. 한 발짝 더 나아가서 차문화는 다예와 기예로 나아가 공연문화로서 정
착할 수 있는 가능성도 보유하고 있다. 그런 점에서 차문화는 가장 먼저 세계화할 수 있는
문화상품이다. 세계기독교차문화협회 김태연원장과 제자들이 연출해낸 '한국의 아름다운
찻자리'가 차문화의 세계화를 여는 길잡이 역할이 되길 바란다. 고도로 세련된 티테이블
세팅은 대중과 차를 연결하고, 차와 산업, 차와 문화, 차례와 의식절차를 연결해낼 수 있는
모토가 될 수 있기 때문이다. 외국에서 벌어지는 대부분의 만찬은 세련된 테이블문화에서
비롯되고 있다는 사실에 주목해야 한다. 그동안 우리차계에서는 규범화된 티테이블 세팅
만 있었을 뿐 계절과 다양한 계층에 맞는 실용적이고 창작적인 티테이블세팅이 전무했다

In this aspect, tea culture is the first item that can become a product of global culture. I hope that "Beautiful Korean Tea Table Setting" by Director Tae Yeon Kim in the World Christian Tea Culture Association and her students can guide to globalize tea culture. Ultimately refined tea table setting can be a motto to connect the public to tea, tea to industries, tea to culture, and ancestor memorial rites to ceremonial procedures. We should notice that elaborate formal dinner, held widely in the western cultures, comes from elegant table culture. It is not exaggeration that until now, our area of tea was limited to the standard tea table setting but did not have practical and creative tea table setting adjusted to different seasons and classes. The object of publishing "Beautiful Korean Tea Table setting" is relieve this long time thirst.

고 보아도 과언이 아니다. 그 같은 오랜 갈증을 해소시키고자 하는 목적으로 탄생된 것이 '한국의 아름다운 찻자리'이다.

격식과 공간의 제약을 뛰어넘는 티테이블 세팅의 새로운 지평

'한국의 아름다운 찻자리'에 소개된 김태연 찻자리의 미학은 철저하게 실용적이며 대중적이고 개방적으로 연출하려고 노력하였다. 그리고 그것이 지금껏 시도해보지 못한 창작과 창조의 영역이라는 점을 주목해주길 바란다. 차문화계 입문 33년의 축적된 노하우라 할까? 그 순발력과 환경적 적응력의 표출에 본인도 놀라워했다. 하나님의 도우심의 결과로 본다. 먼저 실용성과 대중성에 대한 접근이다. 김태연은 티테이블세팅을 우

The New Prospect of Tea Table setting beyond limitation of formality and space.

Tae Yeon Kim put efforts into producing practical, popular, and open aesthetics of tea that was introduced in the "Beautiful Korean Tea Table Setting" I hope the readers can notice that it was the first attempt in the field of creativity and originality. Is the work maybe from the accumulated know-how during past 33 years in the tea area? Even Kim herself was surprised by her quick sense and her adjusting ability in various situations. She testified that she was lead by Heavenly Father. First, she approached to practicality and popularity. Kim did not only categorize widely known Green tea, Dark green tea, Powdered tea, Oolong tea, Flower tea and alternative tea into tea table settings but also generalized them to be used for various events, such as for the end and the beginning of the year,

리가 상용하고 있는 녹차 흑차 말차 청차 화차 대용차로 분류했을 뿐만 아니라 연말연시, 성탄절, 생일 등 다양한 기념일에 바로 사용할 수 있게 했다. 지금껏 티테이블세팅은 의식용이나 일상생활용이 전부였다면 김태연은 기념일을 비롯해 일상 전반까지 티테이블세팅이 활용될 수 있다는 가능성을 열어 보인 것이다. 차의 대중화와 실용성을 위해 우리가 뛰어 넘어야 할 숙제를 한꺼번에 풀어 낸 것이다.

다음은 창조성과 창작성을 극대화해 티테이블세팅의 외연을 무한대로 확장하고 있다는 점이다. 지금껏 티테이블은 안방과 특별한 규칙에 갇혀 있었다. 그 같은 폐쇄성을 김태연은 창작과 창조성이라는 두 가지 무기로 단숨에 돌파해 내고 있다. 옛 선비들이 즐겼음직한 바위 찻자리에서 부터 서양의 귀족들이 향유한 고급스러운 홍차 티테이블까지 그 어느 것 하나 모방하지 않고 자유스럽게 세팅 해냈다는 점이다.

Christmas, and birthdays.

Tea table setting had been limited to ceremonies and special occasions, but Kim showed the possibility of using tea table setting not only for anniversaries and special events but also for everyday life. She solved the task for practicality and popularity of tea at the same time.

Next, she maximized creativity and originality and extended infinitely tea table into outside settings. Until now, tea table settings have been regularized to certain rules and indoor settings. She broke the closeness with two keys that are creativity and originality in a short time. She presented tea table setting including a rock tea table for ancient scholars and a gorgeous tea table for black tea for western noblemen without any imitation. It was possible through overcoming the restrictions of time, space, materials, and items.

그것을 가능하게 했던 것은 시간과 공간 그리고 재료와 소재의 폐쇄성을 대담하게 극복했다는 것이다. 안방, 중국차실, 심지어 매화꽃 피어난 돌담 밑까지 공간의 제약을 받지 않고 찻자리를 펼쳐냈다. 뿐만 아니라 재료와 소재에 있어서도 파격적인 시도를 해냈다. 붉은색 종이 러너, 대나무매트, 진한보라색의 테이블클로스, 샛노란 유리그라스까지 기존의 찻자리에서는 볼 수 없었던 다양한 소재가 찻자리를 짜임새 있게 구성해내는데 일조하고 있기 때문이다. 김태연의 찻자리 미학에는 일정한 패턴과 유형이 없다. '있으면서도 없는 듯, 없으면서도 있는 듯한' 패턴을 통해 새로운 패턴을 끊임없이 찾아내고 있기 때문이다. 검은색과 빨간색테이블클로스를 이용한 색의 대비, 러너와 매트 그리고 다화를 이용한 3단 분할, 다탁의 질감을 살리기 위해 높이 솟은 다탁의 바닥에 배치한 주황색 러너 등 다양한 패턴이 찻자리 마다 혼재되어 활용되고 있기 때문이다. 마지막으로 작업량의 방대함이다. 무려 130여

She set a tea table without space restrictions such as, in a main room, Chinese tea chamber, and even under the stone wall where flowers of Mahwah (a kind of apricot tree) bloom. Furthermore, she succeeded in the attempt of using innovative materials and items. Various and unique materials and items, such as red paper runners, bamboo mats, dark purple table cloths, and vivid yellow glasses that never had been used before contributed to form balanced settings. There is no regular pattern or type in Kim's tea table setting aesthetics. The reason is that she seeks new patterns continuously through a pattern following the concept 'it seems to be present or to be absent'. She uses a variety of pattern blends in every tea table setting, such as black and red tablecloth for color contrast, runners and mats, 3 divisions of stage using tea flowers, and orange runners on

점에 이르는 찻자리는 보는 사람으로 하여금 과연 이것이 한 개인의 창작성에서 비롯된 것인가 하는 의구심을 품게 만들기 때문이다. 그것은 아직껏 그 누구도 이렇게 방대한 양의 찻자리를 구성해본 적이 없기 때문이다. 전국 도예가 들의 도요지, 진주 촉석루와 같은 차문화 역사의 현장, 교회 등 찻자리가 필요한 현장을 방문해 끊임없이 연구 사색한 결과 방대한 양의 작업을 할 수 있게 된 것이다.

한국 현대 티테이블사의 교과서

김태연이 제자들과 함께 일궈낸 '한국의 아름다운 찻자리'는 그런 점에서 한국 현대 티테이블의 교과서 같은 역할을 할 것으로 기대된다. 아직껏 그 누구도 개척하지 않은 전인미답

the high raised tea table to emphasize the texture of the tea table. Last,
the amount of work she had done is noticeable. People wonder if the 130
tea table settings were really designed by one person's personal creativity.
That is because nobody had designed this enormous amount of tea table
settings so far. Kim was able to accomplish it through visiting the historic
fields of tea culture, such as pottery kilns all over the country, Chokseok-
loo in Jinjoo, and places where tea table settings were needed, such as
churches and through researching the field continuously.

Textbook of Korean modern tea table history

It is expected that 'Korea Beautiful Tea Table Setting' produced by Tae
Yeon Kim and her students together will play a role as a textbook for the

Korean modern tea table because it would
not be easy to do another project that exceeds
Kim's 130 items of tea table setting project for
the time being. When a new culture takes root and
develops, there is a lot of trial and error. Through these many trials and
mistakes, the new culture can be adapted to the public. Korean mod-
ern tea table history is yet in the beginning stage. It can be compared to
a hinterland where nobody works on it. However, Kim's work initiated
to develop the hinterland for the tea devotees. Now many tea devotees
should study and succeed it to new stage in order to globalize Korean tea
culture. I show appreciation to Tae Yeon Kim and her students who im-
proved Korean modern tea culture history.

(前人未踏)의 길에서 보여준 130여점의 작품은 당분간 그 누구에 의해서도 깨지기 어려울
것이기 때문이다. 하나의 새로운 문화가 정착되고 발전하기 위해서는 수많은 시행착오가
있어야 한다. 그리고 그 시행착오 속에서 자연스럽게 대중들과 결합해내야 한다. 현대 한국
의 티테이블 역사는 아직 전인미답의 경지에 있다. 쉽게 접근하지 못한 오지와 같은 곳이기
도 하다. 그러나 그 전인미답의 경지를 차인들의 세계로 끌어내렸다. 이제 무수한 차인들이
새로운 경지를 향해 연구하고 나아가야 한다. 한국 차문화가 세계화로 나가기 위한 필요불
가결한 것이기 때문이다. 한국 현대 차문화사의 진보를 한발 앞서 끌어낸 김태연과 제자들
의 노고를 치하한다.

찻자리 이야기

Tale of tea table setting

Tea table stylist 김태연

차는 음료가 아닌 문화다. 그런 '차'를 '차' 답게 하는 것이 바로 '찻자리' 다. 찻자리란 차를 즐기는 사람들이 모여 앉아 차를 마시고 마음을 나누고 그 분위기를 함께 공감하는 곳이다. 옛 차인들은 차를 통해 사유(思惟)하고, 논(論)하고, 예(禮)를 갖추었다. 그래서 찻자리는 차문화의 꽃이다.

우리의 옛 찻자리

차(茶)는 음료가 아닌 문화다. 그런 '차(茶)'를 '차(茶)' 답게 하는 것이 바로 '찻자리'이다. 찻자리란 차를 즐기는 사람들이 모여 앉아 차를 마시고 마음을 나누고 그 분위기를 함께 공감하는 곳이다. 옛 차인들은 차를 통해 사유(思惟)하고, 논(論)하고, 예(禮)를 갖추었다. 그래서 찻자리는 차 문화의 꽃이다.

우리 찻자리의 시작은 삼국 시대 부터이다. 삼국 시대부터 이어온 우리 차 문화는 세계 최고의 생활 문화다. 옛 차인들의 찻자리는 형식과 품격을 동시에 갖췄지만 때로는 상상을 초월하는 파격을 선보이기도 했다. 예를 들면 통일신라시대의 원효와 충담의 찻자리이다.

충담은 휴대용 다구통인 앵통을 들고 다니며 매년 3월 3일과 9월 9일 남산 삼화령에서 다례를 행했다. 뿐만 아니라 한잔의 차를 요청하는 경덕왕에게 즉석에서 차를 우려서 바쳤다. 원효는 신라의 삼국통일로 멸망한 백제인 들을 위해 천 길 낭떠러지 동굴에서 차를 다렸다.

유명한 실학자 이덕무(李德懋 · 1741~1793)의 손자인 이규경은 1년 사계절(四季節)에 맞추어 차생활(茶生活)을 한 기록을 남기기도 하였다. 격식과 형식의 찻자리는 궁중과 사원 그리고 조선시대 선비들과 규방(閨房)에서 볼 수 있다. 궁중과 사원의 찻자리는 의식 찻자리의 극치를 담고 있다. 궁중에서 시행했던 오례의(伍禮儀)에 따라 차를 사용할 때 반드시 '다명'(茶名)을 기록했고 궁중 혜민국 소속에 다모간(茶母間)이란 차 공간이 존재했다. 찻자리를 꾸미기위한 까다로운 법식과 도구들을 하나하나 규정 했고 물을 준비하는 것부터 손을 씻는 것까지 엄격한 법도에 따라 진행되었다.

현대의 티파티처럼 풍류와 교류를 위한 찻자리도 있다. 바로 조선 선비들의 찻자리이다. 강릉 활래정, 진주의 촉석루, 다산 초당 같은 곳에서 조선시대 선비들은 아름다운 정자나

자연의 계곡을 벗 삼아 풍류를 즐기는 찻자리를 자주 열었다. 그들은 들차회를 위한 간단한 차도구와 거문고, 지필묵을 준비해 차(茶), 서(書), 화(畵)를 함께하며 고급스런 문화를 향유했다. 신사임당, 허난설헌 등 조선시대 여인들은 아름다운 공예품으로 한껏 멋을 낸 안방에서 여러 가지 다식과 함께 편안한 찻자리를 즐기곤 했다. 이밖에도 사원에서 스님들이 다완을 하나 놓고 격식 없이 즐겼던 찻자리가 있다. 우리 옛 차인들의 찻자리는 다화(茶花), 서화(書畵) 등과 함께 형식과 품격을 동시에 갖췄을 뿐만 아니라 마시는 차에 의미를 부여해서 도(道)라고 말했다.

현대의 찻자리

현대 차인들의 찻자리는 어떨까. 조금 단적으로 이야기 한다면 아직까지도 과거 차인들이 일궈 놓은 찻자리를 벗어나지 못하고 있다. 옛 선비들의 차실에서 찻자리를 그대로 재현하거나, 야외에서 들차회를 겨우 복원 해내고 있다. 그러나 그것은 옛 것을 현대화와 대중화하고 있지 못한 한계를 지니고 있다. 그 어떤 문화도 동시대의 생활과 정신성을 담아내지 못하면 실패를 했듯이 찻자리 문화 역시 마찬가지다. 식탁에서부터 일상의 모든 것들이 입식화 되고 다양해지고 있는 것에 비해 우리의 찻자리는 고풍스러운 실내 장식과 좌식이 일색이기 때문이다.

그 같은 찻자리 문화는 결국 산업 문화로 나가지 못하고 전체 차 문화와 산업을 정체시킨다. 자본주의시대에 차문화 역시 문화 사업으로 전환해야 하며 그 영향으로 차산업과 차문화 전반의 발전을 동시에 가져올 수 있기 때문이다. 그래서 시도해본 것이 여러 사람들이 함께 할 수 있는 티테이블세팅이다. 유리잔에서 부터 천목 다완 까지 차도구의 다양화를

시도했고, 차 분야에서는 녹차에서 흑차, 말차 까지를, 시기별, 장소별로는 생일 찻자리에서 부터 송년 찻자리까지 현대 문화의 일반적인 규칙에 모든 것을 적용해 본 것이다. 기존의 형식과 격식을 버리고 자유로운 티 파티의 형식을 창조해 본 것이다. 찻자리의 분류는 현재까지 가장 쉽게 통용되는 차 분류 형식으로 했다. 녹차, 말차, 황차, 흑차, 청차, 대용 차, 어린이 찻자리까지 총 7분야로 분류했다. 차의 색깔에 맞는 도구와 테이블클로스, 어린이들에게 맞는 차도구와 색감들을 전혀 새로운 분위기로 연출해 보았다.

찻자리의 기본

1. 어떠한 찻자리로 구성 할 것인가?
 ① 주제가 정해져야 한다. 찻자리에는 그 날의 주제가 분명히 정해져야 한다.
　　신년차회, 생일, 기념일 등 크고 작은 행사에 맞는 세팅이 준비 되어야 한다.
 ② 사용하는 차의 종류에 따라서 차도구가 달라진다.
 ③ 계절에 따라 차와 도구가 달라질 수도 있다.
 ④ 장소(실내, 실외, 야외 등)에 따라 차의 종류와 도구가 달라진다.
 ⑤ 훌륭한 다실과 고급 차 도구를 갖추어야만 아름다운 찻자리가 되는 것은 아니다.
　　조건에 상관없이 마음과 정성을 다하여 간단한 찻잔 하나로 아름다운 찻자리는 연출된다.
2. 찻자리 구성이 정해지면
　① 찻자리에 초대할 손님을 장소에 맞게 인원을 선정 한다.

② 초대장을 보낸다.

③ 주인은 정성을 다하여 차와 차도구를 잘 선택한다.

④ 계절에 맞는 다화, 차와 맛을 이루는 다식을 미리 준비 한다. 찻자리에는 다화가 꼭 필
　요하다. 계절에 맞는 작은 꽃을 사용하며 차와 다기들이 잘 어울려지도록 섬세한 느낌
　으로 연결한다.

⑤ 손님이 오시기 전에 완벽하게 찻자리를 꾸며 놓는다.

3. 찻자리 꾸미기 소재

　전통테이블 세팅, 퓨전식으로 나눈다.

① 전통 한옥의 온돌방, 전통 다실에서는 우리의 전통 다도구와 소품을 이용하며 조화롭
　게 세팅한다.

② 한국 식탁에 맞는 용도, 소재, 다화, 크기에 맞는 차도구를 선택하는 것이 중요하다.

③ 전통테이블 세팅에서는 유리 차(茶)도구는 피하도록 한다.

④ 테이블클로스는 색상과 재질을 잘 선택하여 다도구의 색깔과 잘 조화 되어야 한다.
　기본적으로 광택이 나는 것은 피한다.
　- 여름 철 : 색상이 맑고 투명한 테이블클로스
　- 겨울 철 : 색상이 어둡고 무거운 느낌의 테이블클로스
　- 분청, 옹기 차도구 : 삼베, 모시, 광목, 한지 등의 한국적인 소재의 테이블클로스 사용

⑤ 찻자리 매트는 도자기, 나무, 천, 돗자리 등 어떤 것을 사용하여도 무방하다.
　다만 차를 우리는 도구와 조화가 되는 것이 우선이다.
　※ 매트(Mat) : 매트는 17세기에 발명되었는데 도일리(Doyley)라는 이름의 런던 출신

포목 장사로 부터 시작되었다. 1906년에 쓰여진 에티켓 설명서에는 식탁 보를 깨끗하게 해주기 때문에 만들어 사용했다고 했다. 오늘날 격식을 갖춘 식사 테이블 위에 많이 사용 하고 있다.

⑥ 찻잔 받침은 삼베, 모시, 광목, 종이 등을 예쁘게 만들어서 사용하거나 기존 찻잔 받침을 사용한다.

⑦ 테이블 위에 러너(Runner)를 사용한다. 러너는 싱글로 1장을 사용할 경우와 세로로 2장을 나란히 사용할 수 있다. 러너는 테이블 폭의 크기와 길이에 맞게 사용한다.

– 러너 사용을 잘 하면 여름에는 시원한 느낌을 줄 수 있고 품위가 있는 세팅이 될 수 있다.

– 러너 사용에 따라 고전적인, 현대적인 세팅이 될 수 있다.

※ 러너(Table Runner) : 테이블 러너는 식탁보의 윗면이나 아무것도 없는 식탁의 위에 놓이는 좁고 긴 원단이다. 15세기경 오염으로 부터 식탁보를 보호하기 위해 처음 사용 되었고 식탁보와 같은 원단으로 만들어졌다. 19세기에 러너는 여주인에게 테이블클로스의 최신식 대안으로 권유되었다. 오늘날 러너는 다양한 방법으로 활용되고 있다. 식탁 장식의 중앙에 두거나 자리를 구획하기 위해 식탁을 가로 질러 놓거나 테마를 전달하기 위해 사용되고 있다.

⑧ 앉아서 찻자리를 진행 할 때 바닥의 소재는 천이 조금 두꺼운 것을 선택한다.

바닥재가 밀리면 어수선하게 되므로 색상은 무겁고 품위가 있으면 더욱 효과적이다.

돗자리, 멍석, 철판, 나무 등도 바닥의 소재가 될 수 있다.

4. 찻자리 예의

① 좌식, 입식에 따라 상석에는 주빈을 먼저 모시고 다음 순서로 손님들을 모신다.

② 나란히 마주 일렬로 앉을 때는 동쪽에 남자, 서쪽에 여자를 앉게 한다.

③ 남, 여 두 사람을 초대 할 때에는 남자는 오른쪽, 여자는 왼쪽에 앉게 한다.

④ 찻자리에 손님으로 초대 받은 사람은 깨끗하고 단정한 복장으로 예의를 갖춰서 함께 동석한 손님들과 조용히 인사를 나눈다.

⑤ 그 날의 찻자리에 특별히 주빈이 정해져 있으면 주빈을 위한 간단한 소개를 한 후 찻자리를 진행한다.

⑥ 찻자리 주인은 손님께 차를 낼 때 먼저 예의를 갖춰서 인사를 나눈 뒤에 준비된 찻자리 배경을 설명하고 대접할 차의 내용도 간단히 설명한 뒤에 차를 우려서 대접한다.

⑦ 찻자리 주변이 산만하면 그곳으로 손님들의 시선이 가기 때문에 특별히 설거지 하는 곳을 청결하게 한다. 차는 몸으로 마시는 것이 아니라 마음으로 마셔야 아름다운 찻자리가 된다.

찻자리 세팅의 활용

1. 테이블 모양과 크기에 따라서 테이블클로스를 선택 한다.

2. 계절에 맞는 테이블클로스를 선택한다. 테이블클로스는 차의 종류와 차도구에 따라 색상이 달라질 수도 있다. 하지만 중요한 것은 색상 때문에 차도구의 아름다움이 나타나지 못한다면 매트만 깨끗하게 준비하는 것이 좋다.

3. 테이블클로스 선택은 부드러우며 구김이 가지 않고 세탁하기 쉬운 것이 효과적이다.

4. 테이블 위에서 아래로 50 cm 길이로 흘러 내는 것이 아름답다.

5. 테이블클로스를 선택할 때는 60 inch 사이즈를 선택하면 어떠한 테이블에서도 넉넉하게 덮어진다.

6. 티매트(Tea mat)는 테이블 위에 놓은 것이다. 재질에 따라서 다양한 것을 선택한다. 천, 도자기, 나무, 비닐, 종이 등 많은 모양들이 있다. 매트를 깔고 차도구를 올려서 사용하면 찻물이 흘러도 보기에 흉하지 않다.

7. 양초(Candle)를 사용하는 경우가 많다. 테이블 위에 양초로 불을 밝히면 오시는 손님을 매우 기쁘게 할 수 있다. 불을 밝히는 것은 집안의 잡냄새도 없애주는 역할도 된다. 최근에는 다양한 초들이 시중에 시판되고 있다. 특별한 이벤트 행사 때 사용하면 훌륭한 세팅이 된다.

다양한 티테이블 형태

1. 고급식탁, 직사각형 세팅, 원탁세팅, 정사각형 세팅, 연회 테이블 세팅 등 다양하다. 테이블클로스는 길게 늘어 뜨려 우아하게 세팅하며 흰색 차도구를 사용하여 녹차를 준비하는 것이 좋다.

2. 클래식 스타일로 세팅을 할 경우 전통 도자기나 녹차보다 현대적인 도자기로 홍차를 준비 하는 것이 효과적이다.

3. 무게감이 있고 고풍스러운 세팅이 되면 품위 있는 다완으로 말차를 준비하는 것이 효과적이다.

4. 테이블 세팅은 편안하고 안정된 분위기로 꾸며야 하며 차의 향기와 맛을 느낄 수 있도록 세팅하는 것이다. 투박한 소재의 사용과 너무 강한 느낌의 전체적인 세팅은 찻자리가 부드럽지 못하다.

5. 심플하게 세팅을 할 때는 간단한 여행용 일인기를 사용하거나 2인기를 사용하여 아주 자유로운 찻자리 세팅을 연출해 본다.

6. 싱글이나 연인들의 찻자리는 작은 테이블에 편안하고 안정된 분위기로 주변의 불빛을 낮추고 은은한 음악이 흘러나오게 한다.

7. 어린이 찻자리 : 유아기는 교육적 유연성과 효율성이 가장 두드러진 시기로 '차놀이'라는 이름으로 차를 소개함으로 차의 유용성과 우리의 전통 예절 등을 교육 할 수 있다. 어린이 찻자리는 밝고 재미있는 소재를 사용하는데 동화속 캐릭터가 있는 매트와 어린이가 좋아하는 다식을 준비하여 세팅한다.

퓨전식 티파티

한국 전통식 분위기로만 찻자리를 꾸밀 것이 아니라 현대 젊은이들의 문화에 맞춰 퓨전식으로 찻자리를 변형해 보는 것도 좋다. 다양하고 현대적인 칼라가 있는 차(茶)도구를 사용하여 간편하고 어디서나 쉽게 차를 접할 수 있는 분위기로 만든다. 또한 파티 형식의 찻자리를 꾸며도 좋다. 파티는 일대일의 관계를 떠나서 집단으로 즐겁게 사귀는 모임이므로 사교상의 예절을 체득하고 경험하는 좋은 기회이기 때문에 즐거운 마음으로 초대하고 참가하는 것이 좋다. 퓨전식 티파티에 사용되는 차는 홍차를 준비한다.

1. 티파티 매너

① 티파티에 참석 하였을 때는 먼저 주인(호스트)에게 인사를 하고 자연스럽게 행동한다. 파티에는 다양한 분야의 사람들을 동시에 만날 수 있는 모임으로 차마시는 일에 너무 집중하는 것 보다 서로 자연스럽게 대화를 나누며 교제한다. 대화를 나눌 때 다식 접시는 손에서 내려 놓고 찻잔만 자연스럽게 두 손으로 감싸 쥐고 상대방의 말을 경청한다.

대화를 자기 중심적으로 이끌어 가는 것은 삼가야 하며 떠날 때는 주인에게 성의
있는 인사로 칭찬을 아끼지 않는다.

② 주인은 손님들이 원하는 만큼 차를 자유롭게 마실 수 있도록 끓인 물을 넉넉하게
준비한다. 찻잔도 여유 있게 준비 한다. 손님이 차를 마시고 나면 깨끗이 씻어 다음
손님께 차를 낼 준비를 한다.

③ 주인은 즐거운 마음으로 차를 내며 머리 손질은 단정하게 하고 복장은 정장이나 한
복을 입는다.

④ 주인은 차를 우릴 때 가능한 말을 적게 한다. 침이 튀어 손님 찻잔에 들어 갈 수가
있어 조심하는 것이다.

⑤ 손님은 큰소리의 웃음을 자제하며 특정한 사람과의 배타적인 대화도 자제한다.

2. Tea party에 사용하는 홍차

세계 차 생산량의 75%를 차지하는 홍차는 동양 사람들은 차의 빛깔이 붉다고 하여 홍차
라고 하지만, 영어로는 찻잎이 검다고 '블랙티(Black Tea)'라고 한다. 차 이름 중 맨 마지
막 글자가 '홍'자인 경우는 곧 홍차의 계열에 속하는 차이다. 홍차 문화가 발달한 영국은
아침부터 저녁까지 다양한 티타임을 즐긴다고 한다. 오후4~5시의 애프터눈 티는 영국의
차문화를 가장 잘 표현해 준다.

① 홍차의 색, 향, 맛 : 밝고 붉은 색을 띄며 진하게 하여도 투명감이 있어야 한다.
맛은 포근하면서도 약간의 떫은 맛이 있는 것이 특색이다.

② 홍차의 분류

스트레이트 티(Straight Tea, 찻잎만 사용) : 다즐링, 우바, 아삼

블렌디드 티(Blended Tea, 다른 산지의 잎 섞음) : 오렌지페코, 애프터눈 티

플레이버리 티(Flavory Tea 천연향료, 과일감미) : 얼그레이, 애플티

③ 대표적인 산지 홍차

- 인도의 다즐링 : 가볍고 섬세한 맛과 향이 녹차와 비슷해 홍차의 샴페인이라 부른다.

- 스리랑카의 우바 : 장미와 같은 초롱꽃 향이 어우러진 상쾌하고 떫은 맛이 난다. 스트레이트 티로 마시거나 아이스티, 밀크티에도 어울린다.

- 중국의 기문 : 난과 장미를 생각하게 하는 스모키한 향을 지니고 있다.

④ 홍차와 어울리는 과자

홍차의 맛과 향기를 더욱 즐길 수 있는 과자를 선택해야 한다. 차가운 빙과도 좋지 않고 소스를 끼얹는 과자도 피하는 것이 좋다. 과자를 손으로 집어서 한 입 또는 두 번에 먹을 수 있는 과자가 이상적이다. 슈크림, 쿠키, 버터케익, 컵케익, 스콘, 샌드위치도 작게 만들어서 먹을 수 있다.

〈참고문헌〉

정통테이블세팅 (한정혜, 오경화 백산출판사)

테이블 코디네이션 (조은정 도서출판 국제)

테이블 디자인 (황규선 (주)교문사)

녹차

Green tea table setting

Green tea is one of the favorite teas in Korea. It is so called unfermented tea heated by steaming or roasting to avoid oxidizing the tea leaves and keeping its particular green color and its fragrance. The taste is different according to the way of roasting and steaming the tea leaves. Originally, in Korea we often drink green tea made by roasting, and it is the most common way. The table setting for green tea is based on the exquisite harmony of light green color from the tea and the teapot. Based on the harmony of the color, tea flowers and tea snacks are added according to the season and space. When a green tea table setting shows plainness, it can be the most beautiful tea setting.

녹차(Green tea)는 현재 우리나라에서 가장 많이 애음하는 차 중 하나다. 이른바 불발효차로 증기나 열을 가열하여 찻잎에 있는 산화효소의 활성을 막아 고유의 녹색을 유지시킨 차를 말하는데 덖고 찌는 방법에 따라 각각 색 향 미가 달라진다. 원래 우리나라에서는 주로 덖음차를 제다해 마셨으며 최근까지도 가장 보편화된 음용법이다. 녹차의 테이블세팅은 녹차에서 우러 나오는 색인 연푸른색과 다관의 절묘한 조화가 기본이다. 그리고 그 기본 위에 다양한 공간과 시간에 맞는 다화, 다식이 함께 어우러져야 한다. 녹차는 그 담백한 느낌을 최대한 살릴 수 있는 찻 자리를 꾸밀 때 아름답다. 대표적인 녹차는 중국의 용정차, 일본의 옥로차, 한국의 호산나 녹차 등이 있다.

도자기 길성요

원(圓)은 완성, 초승달은 완성을 지향한다.

완성을 지향하는 초승달이 완성된 팽주의 자리를 포근히 감싸고 있다.

회색 찻자리의 담백함을 생생하게 살려내는 것은 다화를 대신한 버들가지처럼

유연한 나뭇가지와 작고 둥근 다식과 다식합이다. 초승달같이 곡선으로 만든

도자기위에 단아한 느낌으로 찻잔을 올려 깔끔한 찻자리 분위기가 연출하고 있다.

다도(茶道)의 완성을 지향하는 차인들의 꿈이 담겨있다.

Tea table stylist   김태연

전형적인 한국차실을 모던한 분위기로 꾸몄다.

구석에 배치된 문살가리개는 전통문살창살과 함께 차실의 배경을 넉넉하게 확산시
켜주고 있다. 두툼하면서 연륜이 느껴지는 곡선형 홍송차탁이 찻자리의 중심을 잡
아주고 있다. 그 위에 찻자리의 무거움을 털어내는 흰 다관들이 마치 학처럼 줄지어
앉아있다. 한국차실의 간결함을 나타내면서 현대의 모던함을 표현한 찻자리다.

Setting   이정아

도자기 황담요

인간은 늘 명상과 회호(回護)를 통해 자신을 관조한다.

관조는 자신의 내면을 숙성시키는 촉매제 역할을 한다. 번잡한 세상일을
끝내고 자신을 관조하려 할 때 찻자리 만큼 좋은 곳이 없다. 고요히 앉은 이곳
차는 반이 되고 향기는 여전하네. 지극한 차선(茶禪)의 경지를 표현한 추사
김정희의 다시가 절로 읊어질 정도로 담백함이 일품이다. 군더더기 없는
차실에 다실 한 쪽을 수행과 명상의 공간을 담아낸 찻자리로 연출했다.

Setting 박희경

찻자리는 그것을 창조해낸 사람의 의지가 그대로 담겨있다.
때로는 품격으로, 때로는 화려하게 계절과 공간에 따라 다양한 그림을
그릴 수 있다. 긴 통나무 찻상을 양쪽으로 분할 찻자리를 꾸몄다.
김미자 화백의 꽃그림 러너가 이 찻자리의 중심이다.
다화 대신 꽃 그림을 중앙에 펼쳐놓고 만들어내는 다담은 찻자리의
창조성을 그대로 느낄 수 있는 연출이다. 차 한 잔 그림이야기 한 토막,
모두에게 풍성하고 특별한 찻자리가 될 것이다.

Setting   황명자

도자기 길성요

도자기 미도요

차 한 잔을 하나님께 올린다.

하얀 찻주전자에 담긴 햇차 그리고 천목화병에 담긴 꽃 한 송이가 전부다.

하나님의 거룩한 성소를 찬양하듯 너무도 성스럽고 경건하다.

군더더기 없는 깔끔한 성스러움이 돋보인다.

십자가 앞에 놓인 차 한 잔에 마치 하나님의 세밀한 음성이 들리는 듯하다.

Tea table stylist   김태연

도자기 가평요

화려한 러너 위에 푸른 하늘의 저녁놀 같은 무지개빛 결정이
분산되어 있는 도자기가 돋보인다.
우주를 표현한 듯한 3개의 원 매트 위에 놓인 도자기가 더욱 빛을 발한다.

Setting 강옥숙

봄에 어울리는 찻자리다.

봄이 되면 차인들은 계절 꽃을 이용해 다양한 차를 즐긴다.

봄을 먼저 맞이하기 위해 묵은 녹차에 매화 한 송이를 띄운다.

매화꽃의 강렬한 향이 봄이 오고 있음을 알려준다.

봄을 상징하듯 연한 초록빛 매트리스를 이용한 이중의

매트리스를 통해 장식 없는 바닥과 찻자리를 구분하고 있다.

찻잔은 작은 다완처럼 넉넉한 품을 갖고 있고 그 속에 매화

한 송이가 절묘하게 앉아있다. 봄을 맞이하듯 흰 백색 찻주전자와

찻잔이 찻자리에 잘 조화되고 있다.

Setting　신필향

도자기 토곡요

우리 찻자리의 장점은 공간의 제약을 받지
않는데 있다. 공간의 구애 없이 현실공간에
맞게 찻자리를 꾸밀 수 있다는 것이다.
차인들은 봄과 가을 자연을 만끽하거나,
자연을 벗 삼아 차를 마시고 싶을 때
야외 찻자리를 꾸며본다. 아담한 벤치형
의자를 다탁삼아 차한잔과 과일을 먹으며
짧은 휴식을 즐길 수 있는 찻자리를 가끔씩
가져보는 것도 필요하다. 격식을 벗어나
일상에서 차생활을 즐길 수 있는 발상의
전환이 눈에 돋보인다.

Setting 장관호

도자기 서동요

도자기 청암민속도예

하얀 모시조각보 한 장으로 너무도 화려하고 아름다운
야외 찻자리를 금방 연출했다. 좌우에 사람 수 만큼 간단한 매트를 깔고
흰색과 대비되는 진사다관과 다식, 다화를 올려놓자 그 어느 곳에
내놓아도 뒤지지 않는 찻자리가 만들어졌다.
찻자리의 주인이 따로 없다. 중앙에 놓인 찻주전자를 들고
마시고 싶은 만큼 흠뻑 마실 수 있는 나눔의 찻자리다.

Setting   김능이

도자기 길성요

가족 모두가 즐길 수 있는 야외 찻자리를 만들 수 있다면

그보다 더 즐거운 '차 소풍'은 없을 것이다.

6~7인의 사람이 앉을 수 있는 베이지색 옥양목과 깔끔한 연두색 테이블클로스를 준비한다.

다관과 약간의 다식을 골고루 준비한 다음 마지막으로 꽃을 챙긴다.

마치 야외 찻자리에서 실내 찻자리의 묘미를 그대로 즐길 수 있게 준비하는 것이다.

온 가족이 편안하게 즐길 수 있는 야외 찻자리의 특별함을 맛볼 수 있는 연출이다.

Setting   황명자

황토벽돌의 벽과 대형 찻사발의 배경을 이용한 입식 찻자리다.
집안의 사물함을 연두색 테이블클로스와 밤색 테이블클로스를 이용해
다탁으로 전환했다. 그 위에 작은 화병과 다화를 꽂은 후 차와 찻잔을 준비해
사람들의 눈과 입을 즐겁게 하고 있다. 여러 사람을 초청하는 티파티를
즐길 때 사용할 수 있는 찻자리로 마치 도자기 전시회에 온 것처럼
품격이 있다. 마음만 먹으면 누구나 차한잔에 시인이 되고 화가가 된다.
차를 마시는 곳 어디든지, 혼자 마시거나 둘이 마시거나,
여러 사람이 마셔도 찻자리가 된다. 찻자리는 차를 마시는 공간으로
한정된 장소가 아닌 어디든지 찻자리가 될 수 있다는 것을 연출하고 있다.

Setting　최향옥

도자기 관문요

화려하면서도 섬세한 공간 분할이 눈에 띄는 찻자리다. 먼저 청색 테이블클로스로
고급스러운 차탁의 분위기를 조성하고 있다. 그리고 개인종이 매트를 이용해 개별 찻자리의
독립성을 확보하고 있다. 테이블 중앙에는 유려하면서도 긴 곡선을 지닌
화기와 다화를 이용해 4곳의 공간을 완벽하게 분리하고 있다.
그리고 고급스러운 공작천목다기를 1인용과 2인용으로 구분해 다양한

찻자리 한국다도신문 차실

통상적으로 찻자리는 차를 마시는 공간과
그 배경의 공간이 일체화된 동선으로 이어져
있어야 한다. 차가 단순히 마시는 음료가
아닌 개인과 사회문화의 총체성을 그대로
반영하는 것이기 때문이다. 우리네의 선비들
이 사랑했던 한국 전통다실의 담백함에 기학
학적인 전시공간을 살려낸 것은 수준 높은
우리 차문화의 현실을 반영하고 있다. 찻자리
와 전시 공간의 절묘한 조화가 아름답다.

Setting 박희경

도자기 석보도예

찻자리를 꾸미기위해서는 많은 준비가 필요하다. 그 중 친한 친구들을 위한
찻자리는 더욱 신경이 쓰인다. 우선 계절과 찻자리에 맞는 병풍을 준비하고,
찻장에 소중하게 소장하고 있던 백자 정병을 풀어놓고 청화백자와 햇차를 준비한다.
그리고 남은 것은 하얀 테이블클로스다. 하얀 테이블클로스를 중심으로 양쪽으로 길게
분할된 찻자리는 친구와 친구 간에 막혔던 마음의 벽을 허무는 다리와 같은 느낌을 준다.
청화백자와 흰색 테이블클로스가 너무도 깔끔한 찻자리를 연출해내고 있다.

Setting 이경옥

도자기 도정요

차인들은 자신이 소장하고 있는 도자기에 맞는 찻자리를 꾸미기도 한다.

이 찻자리는 진사도자기를 이용한 찻자리 연출이다.

진사도자기 매트에서 시작해 진사도자기 화병까지 모두가 진사도자기 일색이다.

은은한 차실 분위기와 잘 조화된 진사도자기 세트 찻자리가 아주 고급스럽다.

Setting   양계순

디너 티파티에 투명한 유리 다기를 이용한 녹차 티테이블을 꾸몄다.
먼저 둥근 테이블에 청색 테이블클로스를 깐다. 흰색의 종이 러너로
면을 4면으로 분할하고 청색 테이블클로스 위에는 녹차와 다관을 각각 놓은 뒤
흰색 종이 러너 테이블 끝에는 다식을 준비했다. 찻자리의 포인트는 십자로 길게
늘어뜨린 종이 러너 위에 사방으로 놓여진 3개의 촛불 워머들이다. 은은한 워머들
의 불을 밝히면 디너 티파티테이블은 한층 품격이 높아진다.
클래식한 티테이블의 단조로움을 피하기 위해 작게 장식한 다화들이 일품이다.

Tea table stylist   김태연

찻자리의 기본은 면과 공간의 분할이다.

찻자리의 중심이 되는 돗자리에는 찻물을 끓이는 화로와

숙우를 그리고 산뜻한 화초를 머금고 있는 화병을 배치했다.

한쪽은 다갈색 다관들, 또 다른 한쪽은 흰색 다관들이

절묘한 대비를 이루고 있다.

Setting   문임례

도자기 신라민요

옛 선고다인들은 자연 그대로의 공간속에서 차를 즐겼다.
울창한 나무가 우거진 숲속에서 화로에 불을 피우고 차를 끓여
마시며 거문고 타며, 학을 시와 그림에 그려 넣었다. 자연 그대로의
찻자리를 즐겼던 것이다. 시원한 물이 찰랑거리며 넘쳐흐르는 수곽
옆에서 차를 끓여 마시는 자연스러운 찻자리 연출을 통해
옛 다인들의 아름다움을 재현해보았다.

Setting 장관호

도자기 김소엽

아름다운 산천을 담은 특별한 청화 백자 그 인테리어보어 있는 듯이 되면 갑갑한 실내를
벗어나고 싶은 마음이 절로 인다. 집안에 있는 천연염색 조각보를 테이블클로스로
삼아 비취색 청자다관과 묵기를 준비한다. 생활용 찻자리는 결코 번거로워서는
안된다. 형식은 발상의 전환을 통해 새로운 형식을 만들어낸다는 것을 알아야 한다.
천연염색 조각보 클로스 한 장으로 매력 있는 야외 찻자리가 탄생했다.
야외 찻자리의 매력을 흠뻑 느껴볼 수 있는 티테이블세팅이다. 저 멀리 한강과
잘 매치된 찻자리가 이채롭다.

Setting 장관호

티테이블을 세팅하는데 가장 중요한 것은 바로 변화다.
찻자리 변화의 기본은 테이블클로스와 러너다. 테이블클로스와 러너를 이용해
똑같은 공간이라도 다양한 분위기를 연출할 수 있다. 그 같은 예로 촛불로 분위기를
아름답게 꾸며낸 다정한 부부 찻자리가 잘 보여주고 있다. 벽장 안에 감춰두었던
두 폭 가리개 병풍을 꺼내고 평소 다탁과 식탁으로 사용했던 테이블에 정갈한
테이블클로스를 깐다. 보라색 러너에 옅은 은색 매트를 깔고 찻잔을 올려놓는다.
찻주전자와 다식, 촛불을 자연스럽게 중앙 분할의 도구로 사용했다.
부부가 마주보며 은은한 차를 함께 나누기 좋은 세팅이다.

Tea table stylist   김태연

도자기 상주요

도자기 진묵도예

정치인들이 무거운 현안을 협상하거나 국가의 중요 현안을 논의하는 외교 협상을
할 수 있는 티테이블로 적합하다. 먼저 강렬하면서도 무게를 가진 보라색 테이블은 왕과 같은
권위를 상징한다. 주황색 센터피스는 무사태평을 기원하고 긴장을 이완시킨다.
그리고 검정색 도자기매트는 정(靜)중(中)동(動)의 과정을 통해 새로운 탄생을 상징한다.
한 잔의 푸른 차를 마시며 상호공존의 해법을 제시할 수 있는 협상이 원만하게 진행 될 듯하다.
검정색 도자기 매트 위에 흰색 다기 배치가 일품이다.

Tea table stylist 김태연

도자기 림도예, 무유주전자 서동요

시원한 여름을 위한 티테이블 세팅이다. 시원한 찻자리를 연출하기
위해 청색모시 러너를 다탁에 깔고 전통과 현대의 조화를 이룬
옥색다기를 올려 놓았다. 시원스러운 옥색다기가 차실 바깥 풍경과
잘 어울린다. 자연에 노출된 차실에 티테이블을 연출 할 때 가장 우선적으로
고려할 것은 계절 감각이다. 계절과 잘 매치한 찻자리가 펼쳐질 때 차 한잔이
주는 기쁨은 두 배가 될 것이기 때문이다.

Setting 장관호

마치 한편의 섬세한 입체 창작품을 보는 것 같은 티테이블 세팅이다. 흰 벽면과 대리석 바닥을 배경으로 삼아 섬세함과 깔끔함을 강조하고 있다. 이 티테이블 세팅의 중심은 옥색모시 러너. 나풀거리는 긴 옥색모시 러너로 찻자리 전체가 유연한 음악이 흐르는 느낌을 연출하였다. 바쁘게 살아가는 일상에서 한발 뒤로 하고 잠깐의 '쉼'에서 오는 느림의 미학이 있는 찻자리이다.

Setting   최태자

도자기 영남요

녹차를 상징하는 듯 한 연두색 러너가 첫 마음부터 맑고 시원하게 해준다.
보라색 매트위에 올린 청화백자 다관과 찻잔의 중심은 청화백자 찻상에 연출된
또 다른 찻자리다. 위 찻자리와 아래 찻자리로 구분된 이중의 찻자리는 차라리
파격에 가깝다. 그러나 그것이 담고 있는 의미는 남다르다. 서로의 다름을
인정하고 마음을 다스리는 것, 사사로운 욕심 없이 깨끗하게 세상을 아름답게
바라보는 것, 어느 한쪽에도 치우치지 않고 지나침이 없는 중정을 통해
올바른 차생활을 하는 차인들의 미를 표현하고 있기 때문이다.

Setting 한애란

84

도자기 도정요

여럿이 모여 '차한잔을 즐겁게 마시자'라는 말이 연상되는 티테이블 세팅이다.
연꽃이 그려진 널찍한 대형 백색연지에 녹차를 듬뿍 우려낸다.
그리고 펼쳐진 테이블클로스 위에 표주박과 흰색 찻잔을 놓으면 된다.
간단한 세팅이지만 많은 사람들이 각자 찻잔을 들고 차를 마시며 다담을
나누기에 좋은 연출이다. 대형 백색연지를 통해 마음을 나누고 정화 할 수 있는
상징성을 담아내고 있다.

Setting 강옥숙

도자기 안남요

안방 선비상은 다양한 용도로
사용됐다. 책을 읽거나 글을 쓰고
때로는 차를 마시는 다탁으로 사용됐다.
그런 안방에 남자 손님이 찾아올 때
꾸민 찻자리다. 선비상 특유의 느낌과
잘 배치된 투박하면서도 세련된 느낌을
주는 무유다기와 분청다기로 손님 찻자리를
연출했다. 기하학적인 도자기에 안에 놓인
다화와 꽃병이 투박한 느낌을 주는 찻자리를
품격있게 하고 있다. 티테이블세팅에서 화룡
정점은 다화에 있다는 것을 알게 해준다.

Setting 윤경숙

옛 선고차인들은 찻자리를 '명석(茗席)'
이라 부르며 즐겼다. 다동(茶童)이
끓여주는 차를 가운데 두고 다시(茶詩)를
짓고 다화(茶畵)를 그려 세상을 농단했다.
그래서 찻자리는 풍류와 품격이 넘쳐흘렀다.
명석이라 부른 이유가 따로 있었던 것이다.
대화를 나누고 차생활의 멋을 즐기며 예의를
갖춰 차의 풍미를 감상하고 싶은 찻자리이다.

Setting 한애란

도자기 영남요

88

차인들은 자신이 필요한 다구를 구했을 때 많은 사람들에게
보여주고 싶은 욕망을 감추지 않는다. 찻자리의 중심을 화려하면서도
중후한 금다관과 금도료 찻잔의 매력을 최대한 살려내는데 두었다.
과묵할 것 같은 테이블 위에 푸른색 삼베 러너로 찻자리를 4등분 하고 있
다. 그리고 기와의 멋을 응용한 검은색 원 매트위에 금도료 찻잔과
금다관을 배치하여 매력을 한껏 살려내고 있다. 좋은 다관을 소장했을
때 그 기쁨을 다우들과 함께 나누는 티테이블 세팅으로 눈여겨볼만 하다.

Setting   이경옥

도자기 진목도예

다실의 멋스러움은 전통한옥에 있다.
전통한옥에 마련된 다실은 찻자리의 품격을
한층 높여준다. 전통한옥은 이미 그 자체가 다실로서
품격을 지니고 있기 때문이다. 전통한옥다실의 압권은 고풍스러운
장식장들이다. 세월의 때가 묻은 문갑을 비롯해 차탁 등은 찻자리의 배경으로
적합하다. 그러기 위해서는 늘 간결하고 담백한 차 살림살이가 기본이다. 전통한옥
다실의 문살테이블 찻상 위에 얌전히 앉은 백자 다기들로 꾸며낸 찻자리가 정겹다.

Setting　최태자

도자기 다소원

현대적인 차실의 대부분은 개방형이다. 개방형이라는 것은
필요에 따라 다양한 찻자리의 용도로 사용할 수 있다는 것이다.
다실의 기본은 다관과 다완을 이용한 면의 분할과 전시 효과다. 담백하고
화사하게 꾸며진 현대적인 다실에서 조각 옥사 러너 두개를 이용해 특별
한 좌식 찻자리를 꾸몄다. 쪽빛 옥사 러너 위에 옥색다기들을 올려놓아
시원하고 깔끔한 찻자리를 연출해냈다. 쪽빛 러너만으로 색다른 면과
배경을 연출해낸 찻자리의 구성이 재미있다.

Setting 이종임

도자기 포일요

94

도자기 백담요

한국 전통문살로 디자인된 차실에 최고의 찻자리를 꾸몄다.
둔중한 전통의 느낌을 그대로 살리기 위해 흑유 계열의 다구들을 사용했다.
원형의 매트를 중심으로 다화 다식 물 끓이는 곳 차 마시는 곳으로 분할해
다소 권위적으로 보이는 전통 문살의 이미지를 순화시켜내고 있다.
차한잔을 마시며 우리전통문화의 향과 멋을 느껴볼 수 있게 연출했다.

Tea table stylist   김태연
찻자리 (사)한국차인연합회 박동선 이사장 한국다실

다양한 재료를 이용한 찻자리의 무한한 창작성을 볼 수 있는 티테이블
연출이다. 잘려서 버려진 나무토막들을 다탁으로 사용한 것이 포인트.
자칫 밋밋해 보일 듯한 찻자리가 생동감 있는 찻자리로 입체화됐다.
찻자리 구석의 압축감을 해소해주고 있는 벽에 걸려있는
개나리 다화가 이채롭다.

Setting 한애란

도자기 주흘요

도자기 미도요

넓게 펼쳐진 차밭과 남색, 쪽빛, 밤색 모시클로스들이 흑유천목다관들과
절묘함을 이루고 있다. 색과 색의 생동감이 찻자리를 모던한 현대의 분위기로 이끌어
내고 있다. 다탁과 평면 찻자리의 입체감이 조화를 이루며 찻자리의 중심을 잡아내고
있다. 노란색과 빨간색의 다식은 원색 색감의 향연이 펼쳐진 찻자리의 또 다른 볼거리
다. 멋과 맛 그리고 풍광의 아름다움을 살려낸 최고의 찻자리다.

Tea table stylist 김태연

도자기 도정요

직선과 곡선의 조화를 이루고 있는 녹색 진사로 표현해 낸 퓨전 찻자리다.

진사도자기 매트 위에 올린 찻잔과 다식을 다리로 연결해 일체화되어 보이게 하는

것은 젓가락을 담은 도자기 매트다. 질서 정연한 독일병정처럼 깔끔한 구도의 중심은

원형진사 매트 위의 찻주전자와 찻잔, 약간 커다란 느낌을 주는 진사화병의 다화다.

서로 마주보며 팽팽한 긴장감을 주며 찻자리의 짜임새를 높여주고 있다.

Setting　양계순

찻자리의 주인과 손님이 차를 즐기며 청담을 나누는 자리다.
차의 깨끗하고 청정한 느낌을 그대로 살려주는 흰색 테이블클로스가
전체 찻자리를 빛내주고 있다. 테이블 중앙의 쪽빛 모시 러너가 다화를
사이에 두고 주인과 손님을 연결해주고 있다. 푸른 잎사귀에 담아낸
다식들이 앙증맞고 귀여워 찻자리를 생동감 있게 하고 있다.

Setting   최향옥

세속의 명리를 버리고 초가삼간으로 귀향한 선비는 안빈낙도의 삶을 즐기기 위해
자신만의 차실을 꾸민다. 나무 원목의 결을 그대로 살린 다탁과 그에 걸맞은 투박한
다관을 마련한다. 샘물을 길어 올려 숨을 죽이기 위한 물항아리와 표주박을 마련하니
오랜 친구를 초대할 찻자리 준비를 다 갖춘 셈이다.
딱 한잔의 차를 마시며 즐거워할 절묘한 공간 연출이다.

Setting 이종임

도자기 청봉도예

옛 선비들은 즉석에서 야외 찻자리를 즐겼다. 그래서 늘 야외
찻자리를 위한 간단한 다구들을 휴대하고 다녔다. 바쁜 와중에서도
삶의 여유를 느끼고 싶었기 때문이다. 옛 선비들이 가장 애용 했던 찻자리가
바로 두 세 평정도의 널찍한 야외 반석이었다. 급한대로 개인용 매트를 깔고
차를 끓이며 주변에 피어난 들꽃을 이용하여 넉넉하고 여유로운 찻자리가
연출된다. 생활 속에 피어난 차인들의 지혜가 돋보인다.

Setting   신필향

도자기 토곡요

도자기 산곡요

현대적인 감각을 최대한 구현
해낸 찻자리 연출이다. 현대적인
감각을 뽐내는 테이블클로스,
손잡이를 가진 찻잔, 세련된 조각보등
이 잘 어우러져 모던하면서도 화려한
찻자리를 만들어내고 있다.
한 테이블공간에서 찻자리와
찻자리를 다화 한송이로
구분해내는 것이 백미이다.

Setting   박복남
찻자리 향토빛

벚꽃이 피어난다. 야외평상에 서둘러 찻자리를 꾸민다.

은은한 베이지 테이블클로스를 길게 양쪽으로 깔고 중앙에는 푸른색의 매트를 배치

충분한 여백의 미를 만들어낸다. 찻자리의 중심은 막 꽃을 피워내고 있는 벚나무를

이용해 벚꽃을 감상하는 찻자리를 만들어낸 창작성이 빛을 발한다.

Setting 김늠이

버려지고 잊혀진 것들도 때로는 빛을 발할 때가 있다.

그것은 세상 모든 것이 다 소중한 존재라는 것을 알게 한다.

정원 구석에 홀로 앉아있던 이끼긴 고목나무를 찻상으로 삼았다.

고목나무를 가리지 않기 위해 하얀 모시를 구석에 살짝 걸쳐 놓고

작은 매트 위에 다식을 올려놓았다. 버려지고 잊혀진 것들도 때와 장소에 따라

다시 살려내는 찻자리 연출이 매우 돋보인다.

Setting 박복남

도자기 길성요

고급스러우면서도 깔끔하고 조화스러운 찻자리가
일품이다. 연두색 러너가 주인과 손님의
찻자리를 구분하고 있으며, 널찍한
찻상답게 두툼하고 널찍한 찻상 위에 여러 사람이
함께 즐길 수 있는 찻자리 구성이 정감 넘친다.

Setting 이종임

도자기 연파도예(무궁화다기) 도자기 몽평요(화로, 솥, 흰색다기) 찻상 조정우

도자기 석보도예 찻자리 한국의집 팔각정

다화를 중심으로 초대형 원탁 테이블위에 여러 사람이 개별적으로 차를 마실 수
있는 팔각의 공간 구성을 했다. 각자 차를 마시며 의논 해야 할 일에 대해 편안하
게 토의할 수 있는 분위기를 조성하고 있다. 차는 몸으로 마시는 것이 아니라
마음으로 마셔야 하며 꾸준한 다도생활을 통하여 아름다운 습관을 몸에 길들이는,
'아름다운 사람'으로 거듭나는 찻자리를 기원하고 있다.

Setting 최향옥

찻자리 한국다도신문 차실

4인 4색의 찻자리가 매우 이채롭다. 진사, 백자, 분청등 각자 다른
종류의 3인 다기들의 독특함에 통일성을 부여하는 것은 바닥 중앙에 자리
잡고 있는 옥색모시 러너다. 푸른 차밭의 풍광처럼 시원스럽게 뻗어 내린
모시 러너 위에 공동으로 사용할 수 있는 차호, 다식, 차척을 올려놓아 차의
기본 정신인 나눔의 미학을 연출해내고 있다.

Tea table stylist　김태연

검은 오석으로 만들어진 석연지를 중심으로 연잎모양 모시매트
위에 둥근 찻자리를 양쪽으로 펼쳐 놓았다. 돌로 만든 연지 속에
흰 연꽃을 피운 후 연(蓮)녹차를 넉넉하게 우려낸다.
그리고 바로 곁에 놓인 풍성한 다식들과 함께 차를 나눠 마신다.
청색의 테이블클로스 위에 펼쳐진 광경이 마치 한 폭의
정물화처럼 깔끔하고 깊다. 진흙 속에서 아름다운 꽃을 피워
올리는 연꽃처럼 테이블 저 멀리 고뇌하고 있는 예수님상이
절묘하게 놓여있다.

Setting 이종임

석연지 조정우

도자기 상주요

찻자리에서 가장 중요한 것은 바로 찻자리의 기본을 이루는 매트들이다.
바닥과 테이블을 덮는 매트의 분위기에 따라 그 찻자리의 모든 것이
좌우될 정도로 매우 중요하다. 찻자리의 분할과 공간의 배치에
있어서도 마찬가지다. 깔끔한 도자기 전시장 바닥에 베이지색 천으로
구역을 분할하고 매트와 2개의 러너를 이용해 총 6개의 각기 다른
찻자리를 구현해냈다. 군계일학처럼 우뚝 서있는 다화병이
찻자리의 모든 것을 주관하고 있는 멋진 연출이다.

Setting   문임례

목이 있는 유리잔을 사용해 중국 용정차의 진미와 진향을
맛보게 하는 찻자리를 연출하고 있다. 정사각 테이블 위에 종이매트를
한 장씩 깔고 유리잔에 떠오르는 용정차 한잎 한잎 감상하다 보면
차의 세계가 갖고 있는 깊은 맛을 저절로 느낄 수 있다.
일상에서 포도주를 마시는 용도로 사용하고 있는 목이 있는 유리잔을
사용해 젊은이들의 현대적인 취향에 맞게 찻자리를 재구성하고 있다.

Tea table stylist 김태연
찻자리 소리소

도자기 우송요

한국차인연합회에서 정립된 접빈다례 찻자리다. 돗자리를 바탕으로
팽주, 시자, 손님상 찻자리를 연출했다. 세월의 손때가 묻은 듯한 찻상과
각종 기물들이 깔끔하다 못해 담백하다.

Setting (사)한국차인연합회

Powdered tea table setting

Powdered tea along with beautiful tea bowls is the queen of tea table settings. A powdered tea table setting has grace and dignity as people enjoy the beautiful tea bowls that contain the soul and breath of the potters, smell the fragrance, and savor the powdered tea that is like a wisp of blue smoke rising into the air. The Powdered tea table setting seems simple, but a delicate touch is needed. First of all, knowing the level of participants and preparing appropriate tea and tea bowls are necessary. Garnished tea snacks are also another factor of defining the level of the tea setting, so scrupulous preparation is necessary. Here are various types of simple but delicate powered tea table settings.

아름다운 다완과 어울리는 말차는 찻자리의 꽃이다. 도공의 혼과 숨결이 느껴지는 다완을 감상하고, 푸른 연기처럼 솟아 오르는 말차의 향과 멋을 느낄 수 있는 말차 찻자리는 품격과 품위가 있다. 말차 찻자리는 간결한듯 하지만 세심한 배치가 필요한 찻자리다. 우선 찻자리 참석자들의 수준을 파악해야 하고, 이에 걸맞은 다완과 차를 준비해야 하기 때문이다. 말차에 곁들일 다식 또한 그 찻자리의 수준을 그대로 보여주는 것이기 때문에 세심한 준비가 필요하다. 간결하면서도 복잡한 말차 찻자리의 여러 유형을 소개해본다.

도자기 상주요

말차를 마시는 찻사발의 역사는 매우 깊다. 일본에서는 우리 조선 찻사발을
국보로 지명할 만큼 소중하게 다루고 있다. 그러한 다완의 원류가 바로
우리 찻사발인 것이다. 철화문찻사발, 귀얄문찻사발, 인화문찻사발등
다양한 찻사발과 함께 차를 마셔보는 찻자리를 마련해보았다.
개성 있으면서도 소박한 찻사발들의 멋을 한껏 느껴보는
특별한 찻자리로 기억될만하다.

Setting 문임례

새해가 되면 (사)한국차인연합회 서울경기 신년 모임에서는 신년 교류
찻자리를 연다. 한해의 시작을 깨끗한 차의 마음으로 시작하기 위해서다.
널찍한 공간에서 일렬 두 줄로 마주보고 앉아서 각자 말차를 풀어 서로
앞사람에게 공경하는 마음으로 대접한다. 백탕기로 헹구어 마신 후 다건
으로 찻사발을 닦은 후에 오른쪽 방향으로 찻사발을 돌리면서 차회를 연다.
26개의 찻사발을 감상 하는 아름답고 품위 있는 찻자리다.

Tea table stylist　김태연
찻자리 한국의 집

도자기 소석도예

134

냉말차를 이용한 찻자리에 적합한 것은 많은 대중들과 차회를 할 때다. 차를 마시며
다완을 감상하고 다양한 이야기를 나눌 수 있기 때문이다. 깨끗한 대청마루에
감색의 찻자리를 깔아 공간을 직사각형으로 분리했을 뿐만 아니라 가운데 공간의
중심은 대형 찻사발을 배치 찻자리의 집중도를 높이고 있다. 노란색 매트 위에 돗자리
매트를 이중으로 배치해 찻자리의 품격을 높이는 절묘한 연출이다.

Tea table stylist 김태연
찻자리 한국다도신문차실

설명이 필요 없는 찻자리이다. 찻자리 한가운데 대형 말차
그릇의 위용은 모든 걸 설명한다. 50명 이상 손님을 대접할 수 있는
대형 말차 그릇 옆에 놓인 다화가 유일한 장식이다. 특별한 꾸밈이
없지만 왠지 풍성한 느낌을 주는 것은 그것을 나누는 마음 때문이다.

Setting   한애란

도자기 | 관문요

도자기 도정요

가을 냄새가 물씬 풍기는 찻자리다. 가을을 상징하는 원목의 찻상, 다식이
놓인 나무 잎사귀, 이라보 말차다완 모든 것이 가을 찻자리를 위한 것들이다.
다소 굽이 높은 도자기 다반을 이용해 이라보 말차다완을 입체적으로 살려냈
다. 테이블 양쪽에 놓인 말차에 필요한 차선과 찻주전자를 놓은 도자기 찻상과
다식을 올려놓은 작은 나무 다탁이 텅빈 공간을 풍성하게 채워주고 있다.

Setting 양계순

말차 찻자리의 또 다른 매력은 시간과 장소를 가리지 않고 펼칠
수 있는 좌식 찻자리에 있다. 찻자리 중앙에 노랑색 삼베 러너를
놓고 긴 통나무를 또 러너로 올려놓았다. 참으로 재미있는
발상이다. 통상적으로 러너 위에 러너를 놓는 것은 '법식'에는 없다.
그러나 러너 위에 러너를 배치함으로서 한층 격식 있고 품위 있는
말차 찻자리로 전환시키는 것이 말차 찻자리의 묘미이기도하다.

Tea table stylist 김태연

도자기 관문요

옛 선비들은 봇짐에 차도구와 붓, 벼루, 먹과 호리병을 소중히 갖고 다녔다.
천자를 유람하다 마음에 와 닿는 찻자리가 보이면 지체 없이 봇짐을 풀고 맑은 물로
찻물을 끓이고 들꽃을 꺾어 호리병에 꽂아놓고 한순간의 여유를 즐겼다. 정자 한켠에
대나무매트를 깔고 천목다완과 진사물병으로 산뜻한 말차
찻자리를 한순간에 연출했다.

Tea table stylist 김태연

도자기 황담요

도자기 밝달가마

차 한잔의 즐거움은 홀로 있어도 충만한 즐거움을 느낄 수
있다는 점이다. 깔끔한 테이블에 작은 매트를 깔고
한잔의 차를 마신다. 대나무 바람소리와
함께 차를 마시며 주님을 묵상한다.

Tea table stylist　김태연

도자기 주흘요

소슬한 바람이 불어오는 가을 멀리서 친구가 온다는 전갈이 왔다.

밖에 나가 소담한 들국화로 다실을 꾸미고 먹색 찻자리를 깔고 소중하게

간직했던 말차를 꺼낸다. 그리고 조용히 앉아 옛 생각을 하며 친구를 기다린다.

소박한 선비다실에서 찻자리를 준비해놓고 친구를 기다리는 모습이 아름답다.

Tea table stylist 김태연

가을 야외 찻자리는 언제나 고즈넉한 느낌을 준다. 먼저 전원용
돌 테이블에 매트를 깔고 말차 찻자리를 준비한다. 그리고 가을 분위기를
살려주는 긴 유선형 촛대와 초로 공간을 분할하니, 테이블 양 쪽에 마련된
찻자리에 독립성과 연결성을 동시에 부여하고 있다. 커다란 말차잔을
사이에 두고 주거니 받거니 말차를 나누는 모습이 가을모습처럼 정겹다.

Setting   이경란

티테이블을 꾸미는데 있어서 매트의 역할은 매우 중요하다.
매트는 있는 듯 없는 듯 찻자리의 실체인 다관들을 돋보이게 해야하기
때문이다. 베이지색 테이블클로스 위에 얹혀진 매트들은
흑유 다완 특유의 질감과 색감을 그대로 살려주고 있다.
초록거품을 가득 머금고 있는 흑유 다완들이 탄탄하고 두껍게
배치되어 있어 안정감을 최대한 살려주고 있다.

Setting　박복남

도자기 | 미도요

창문 뒤 자연을 배경으로 6단의 파격적인 찻자리를 꾸몄다. 진사다완을 올려놓은
옥색 러너, 짙은 회색 테이블클로스 위에 하얀 모시러너를 얹어 4개의 각기 다른
찻사발까지가 2단이다. 나머지 1단은 흰 벽면 그리고 찻주전자와 도자기 화병을
얹어놓은 것이 또 다른 1단이다. 6단으로 이루어진 파격적인 찻자리는 너무도
화려해 차를 마시기도 아까우며 뛰어난 배치가 일품이다.

Tea table stylist   김태연

도자기 주흘요

'다도검덕'(茶道儉德)은 차의 정신을 잘 드러내는 문구다.
고급스럽고 화려한 짙은 자주색 찻자리에 대나무 매트를 깔고 분청다
완에 말차를 격불해 담백하고 검박한 찻자리를 연출했다. '다도검덕'

의 정신을 찻자리에 그대로 구현해낸 것이다. 찻자리, 다화, 족자가
일체감을 주며 완벽한 찻자리의 진형을 그대로 보여주고 있다.

Tea table stylist　김태연
찻자리　한국다도신문 다실

실내의 타원 테이블에 고급스러운 입식 말차 찻자리를 연출했
다. 로맨틱한 분위기를 연출하기위해 보라색면 테이블클로스를
깔고 황토염 삼베 매트 위에 각기 다른 찻잔들을 올려놓았다.
실내에 흐르는 은은한 황금색 조명과 맞물려 황홀하고
깊은 찻자리 공간을 형성해내고 있다.
로맨틱한 찻자리를 원하는 젊은 세대들에게
잘 어울리는 분위기다.

Tea table stylist 김태연

도자기도원요

154

돌담 뒤 매화나무에 매화꽃이 피었다. 봄을 만끽
하고 싶은 차인의 마음을 억누를 수가 없어 방 안의
찻상을 성큼 매화 꽃이 피어난 돌담 밑으로 옮겨놓았다.
큼지막한 분청다완에 말차를 우려내 매화 잎을 띄우니
무릉도원이 따로 없다. 자연을 즐기는 차인의
감각적인 분위기를 잘 나타내고 있다.

Setting 황명자

도자기 길성요

156

도자기 진묵도예

깊어가는 가을을 느껴보고 싶은 다우들이 모여 말차 파티를 한다.
다탁에 빙둘러 서서 밝혀진 촛불의 느낌을 눈으로 느끼고 그윽한 말차의 향기를 코와
혀로 음미하며 가을이 오고 감을 아쉬워한다. 가을 분위기를 만끽하기 위해 분청접시
와 탕관을 놓이고 있는 긴 사각 접시로 분청도자기를 사용했다.

Setting 이경옥

돌담 아래 차나무 심어 곡우에 찻잎
딴다. 그리고 그 찻잎을 덖고 가루 내어
말차를 만든다. 매화꽃 필 때 항아리 테이
블에 다정하게 앉아 부부가 살아온 인생이
야기를 하며 말차를 마신다. 단순한 항아리
테이블에 짙은 갈색 매트를 깔고 봄을 상징
하는 푸른 러너를 얹어놓으니 순식간에
찻자리로 변신했다.

Setting 황명자

도자기 길성요

찻자리 한국다도신문 차실

일본의 다실은 무채색처럼 깔끔하고 담백하다. 군더더기가 없어
멋스러움이 없을 때가 많다. 전형적인 일본의 다실에 화려한 진보라색 찻자
리와 화사한 분홍빛 정사각 러너로 현대적인 감각을 가진 말차 찻자리를
연출해냈다. 찻자리의 화려함과 담백함이 멋스럽게 조화를 이루어
찻자리를 한층 품격 있게 하고 있다.

Tea table stylist   김태연

도자기 전시장에서 차와 어울리는
특별한 연출을 해냈다. 단순한
도자기의 전시를 뛰어넘어
차와 도자기 그리고 전시가 하나로
융합되어 있는 공간 활용을 통해
찻사발의 활용을 어떻게 해야 하는
지를 잘 보여주고 있다. 전시장
바닥에 황토색 찻자리 깔고 정사각
으로 종이러너를 두른 후 4면에
각기 다른 찻사발을 배치해 절묘한
조화를 이끌어냈다.

Tea table stylist   김태연

도자기 밝달가마

도자기 청봉도예

말차 찻자리의 요체는 담백함에 있다. 계절꽃 한송이, 팥양갱을
찻자리 수만큼 놓고 각자의 다완을 감상한다. 그래도 왠지 풍성하
고 운치 있어 보이는 것이 바로 말차 찻자리의 매력이다. 정교하게
꾸미지 않아도 균형감 있는 찻자리를 마련하면 그걸로 족하다.
평범하지만 초여름 햇 말차를 즐길 수 있는 개성 있는 찻자리다.

Setting   이종임

도자기 지암요

검정모시를 이용해 회화미를 극대화 시킨 찻자리로 보여진다.
자연스러운 나뭇결이 그대로 드러난 투박한 나무 찻상에 자연스럽게
검정모시가 흘러내리도록 유도한 뒤 찻사발 다관등 찻자리에 필요한 모든
것을 올려놓았다. 독특한 매력을 풍겨내는 연보라색 나눔잔이 이채롭다.

Setting　이정아

도자기 황담요

테이블클로스의 혁명
나는 무엇으로 테이블클로스의 소재가 되었나.
자세히 보세요. 작은 다기 위에 백탕기 올려두어
큰 다완과 조화를 이룬다.

Setting　최복희

도자기 포일요

차창 밖에서 부터 밝은 봄이 걸어 들어온다. 오늘은 다우의
다회가 있는 날이다. 성큼 다가온 봄에 맞게 진한 연두색 테이블
클로스에 붉은 계열의 매트를 깔아 꽃피는 계절의 분위기를 연상
시켜낸다. 작고 앙증맞은 흑유다병에 일품 매화꽃 한송이를 꽂아
깔끔한 봄 정기 찻자리를 완성한다.

Setting   이경옥

도자기 토곡요

전체 찻자리를 절대적으로 장악하고 있는 우아한 회색 테이블클로스가
압권이다. 그러나 그 압권을 해소해주는 시원한 느낌의 말차가 더해지면 더할나위
없이 경쾌한 찻자리로 변신한다. 12개의 각기 다른 다완들은 1년을 상징하며 차회
에 참가한 손님들이 각자의 다완을 감상하며 직접 가루차를 풀어마시게 했다.

Tea table stylist　김태연

도자기 도원요

봄이 오고 햇차를 선물 받았다. 근처 다우들을 급히 불렀다.
야외식탁을 흰색 러너 3개와 대나무매트를 이용해 간단한
찻자리로 꾸몄다. 꽃을 한 움큼 꺾어와 찻자리를 풍성하게 했다.
주인과 손님이 함께 차를 즐기기 위해 우려낸 차를 가득담은
커다란 차항아리를 끝머리에 뒀다. 수도꼭지를 입에 문
차항아리가 눈길을 끈다.

Setting　김늠이

도자기 박달요

흑차

Dark green tea table setting

Dark green tea is a general term for diverse fermented teas. As fermented tea, the taste of dark green tea is strong, and the color is dark. There are also proper ways of brewing Dark green tea and appropriate teapots for it. Normally, dark green tea is brewed in boiling hot water, and it requires a proper tea table setting. Here is the guideline for a Dark green tea table setting that fit to the tea's dark red color.

흑차는 발효된 다양한 차의 총칭들이다. 흑차는 발효된 차답게 탕색이 짙고 그 맛이 중후하다. 그리고 흑차에 필요한 적절한 탕법과 다관들이 있다. 통상적으로 뜨거운 열탕법에 의해 차를 우려내며 그에 맞는 테이블세팅이 필요하다. 붉고 짙은 차색과 어울린 흑차 테이블세팅에 대해 소개해본다. 대표적인 차는 보이차와 육보차가 있다.

도자기 도원요

늦은 밤 등불을 켜고 밤새도록 보이차를 마신다. 다우가 없어도
한잔 두잔 끝없이 마시다보면 어느새 새벽닭 울음소리가 울린다.
짙은 갈색의 다탁에 짙은나무 러너, 흑유로 빚어낸 찻주전자와 찻잔들
모두 흑차에 어울리는 일체화된 찻자리를 연출했다.
오랫동안 꺼질 것 같지 않은 등불이 이채롭다.

Tea table stylist   김태연

도자기 도원요

찻자리는 평범한 공간을 비범한 공간으로 바꾸는 마술 같은 위력을 가졌다.
방안에 놓여있는 평범한 등나무 테이블을 레이스 러너를 활용해 다탁으로
재구성해낸 연출력이 돋보인다. 흑유 다화병에 한송이 꽃을 꽂아 누군가를
기다리는 듯한 아련함과 애틋함이 엿보이는 찻자리가 연출되었다.

Tea table stylist 김태연

화려한 다화와 단아하고 소박한 골동 다탁이 조화를
이루어 차실을 안정감 있게 하고 있다. 화려한 비취색
다기를 소박한 골동 다탁위에 놓고, 무쇠 골동 탕관과 워머를
부각시킨 연출력이 돋보인다. 차와 사람과 자연이 함께
어우러져 다담을 나누고 싶은 찻자리다.

Setting 최태자

도자기 다소원

도자기 안남요

투박한 갈색의 무유다기는 붉은색의 황차와 잘 어울리는 남매와 같다.
연분홍빛 러너를 십자로 클로스한 차탁 위에 놓아 밝고 화사한 찻자리로
변신시켰다. 중앙에 설치한 차 덖는 워머를 중심으로 무유다기 찻잔과
찻주전자가 짜임새 있는 화면을 보여주고 있다. 남해의 끝자락에서 묵은
차 덖는 냄새가 구수하다. 그대와 나, 무유다기에 황차 한잔.

Setting 윤경숙

거실 한가운데 차를 위해 사용할 수 있는 우물을 만들어 놨다.
그 우물을 중심으로 두개의 전혀 다른 찻자리가 형성되어 있다.
묵은 차를 다시 덖는 용기가 있는 노란모시 러너의 찻자리, 흰색 매트가
깔려있는 찻자리가 그것이다. 품격을 높이기 위해 개인들이 각자 다기를
사용할 수 있도록 해 다채롭고 개성 있는 찻자리를 연출해내고 있다.

Setting   문임례

도자기 신라민요

한국 전통다실은 은은함이 돋보
이는 차실이다. 개성이 강한
소나무들의 입체성을 이용해
자연스러운 차실의 공간을 살려내
고 있다. 어느 대갓집 툇마루를
옮겨다놓은 듯한 넓은 다탁 위에
소박한 다기들의 개성을 최대한
살려서 오밀조밀하고 정겨운
찻자리를 연출하고 있다.

Tea table stylist　김태연

도자기 청봉도예

거실바닥에 깔린 왕골 찻자리와 매트 5개를
이용해 둥글고 깔끔한 찻자리를 만들어냈다.
황금색, 비취색 자사호등 개성이 강한 일인다기들
이 작은 다식들과 잘 어울려 세팅되어
있다. 나무 매트에 놓인 작은 흰색 찻그릇과
붉은색 찻잔들이 둥근 공간의 찻자리를
자연스럽게 연결시켜내고 있다.

Setting   한애란

도자기 백두요

도자기 안남요

창 너머에는 한국의 나폴리로 불리는 통영 바다가 펼쳐져 있다.
자연풍광이 아름다운 차실의 조건을 먼저 갖춘 셈이다. 수천 년 된
나무를 잘라내 만든 다탁위에 작은 찻잔들이 옹기종기 놓여있다.
꽃을 꽂을 수 있는 찻잔 받침이 이채롭다.

Setting   윤경숙

다관, 잔 묵전요 화로 이경훈 도요

한 평 남짓한 베란다를 부부가 조용히 사용할 수 있는 다실로 개조했다.
전통창호를 이용해 한국 전통다실의 은은한 맛을 그대로 표현했다.
부부가 이용하는 작은 다실답게 황색모시 테이블클로스에 2인용다기가
얌전히 놓여있다. 최대한 간결미와 압축미를 보여주고 있는 이 다실은
안방 베란다를 이용한 아름다운 부부다실의 전형을 보여주고 있다.

Setting 박희경

도자기 산곡요

쪽빛 천연염색 테이블클로스로 한껏 찻자리의 멋을 냈다.
긴 직사각형의 테이블에 가로 4등분, 세로 3등분의 황금분할로
찻자리의 복잡함을 피해냈다. 고급스러운 흑유찻잔과 다관이 쪽빛 천연염색
클로스와 잘 조화되고 있다. 독립 찻자리인듯 하면서도 한 찻자리
인 것 같은 티테이블 구성이 독특하다.

Tea table stylist   김태연
찻자리 향토빛

도자기 박달요

모든 것이 둥글다. 찻자리도 찻잔의 받침대도 찻잔까지도 둥글다.
모든 것이 둥근 가운데 각진 것이 있다. 바로 찻자리 중심에 놓인 찻주전자와
다식판을 감싸고 있는 흰 모시조각보다. 씨줄 날줄로 엮어진 찻자리의 긴밀도를
강조해주고 있는 것이 바로 흰 모시조각보 매트다. 한쪽 구석에 살짝 걸쳐있는
다화도 볼거리.

Setting 김늠이

Yellow tea table setting

Well fermented tea is called Yellow tea. The color is in perfect harmony with scarlet and black. Yellow tea is also called 'Jacksal', and it has been used as medicine among folks from ancient times. There is no big difference between Yellow tea table settings and other tea table settings. Here is a guideline for the tea table setting that enhances the sedate and deep color.

황차는 찻잎을 충분히 발효시킨 차를 말한다. 색깔은 붉은색과 검정색이 절묘하게 조화된 맑은 색깔을 보여주고 있다. 황차를 잭살이라고도 부르며 옛날부터 민간에서는 약용으로도 쓰였다. 황차 티테이블은 다른 차 테이블세팅과 크게 다른 점은 없다. 다만 은근하고 진한색감에 맞는 황차의 특성을 최대한 살린 티테이블을 소개해 본다. 대표적인 차로는 몽정황아, 군산은침, 막간황아가 있다.

도자기 산곡요

반닫이와 이층 반닫이가 놓인 고풍스러운 안방에 아주 편안하고
고급스러운 찻자리를 꾸몄다. 흰 레이스 클로스위에 감청색 모시매트를 깔아
깔끔하고 고급스러운 분위기를 갖췄다. 자칫 답답할 것 같은 실내라는 공간을
해소하기 위해 가운데 공간을 텅비어 시원한 느낌을 담아내고 있다.
다소 밋밋한 중앙을 다식과 다화가 책임지고 있다.

Setting   신필향
찻자리 향토빛

오랫동안 차생활을 해 온
품격 있는 안방 차실의 전형이다.
무거운듯 하면서도 화려한 목가
구와 찻장 그리고 병풍이 차실의
넉넉한 배경이 되어주고 있다.
품격 있는 찻상을 최대한 살리기
위해 흰 매트리스위에 진사도자
매트를 얹어 품격을 높이고 있다.
섬세한 수공기술이 돋보이는
은다기들이 귀하고 소중한
찻자리임을 알게 한다.

Setting 이정아
가구 농암공방

4인용 원탁 테이블위에 현대적인 테이블클로스를 늘어뜨려
깔끔함을 강조하고 있다. 각 개인찻자리 앞에 곁다관과 찻잔을
준비해 편하게 차를 마실 수 있도록 배려했다. 이 티테이블의
매력은 다화대신 찻자리의 중심을 잡고 있는 꽃모양의 촛불이다.
다화인듯 하면서 촛불이기도 한 형태가 절묘한 분위기를 뿜어내고 있다.

Setting 장관호

도자기 신라민요

겨울이 되면 느닷없이 그리워지는 것이 바로 벽난로다. 활활타는 듯한 벽난로를
사이에 두고 흰 대형탕관과 흑유다기들이 절묘한 대비를 이루고 있다.
흰색 대형탕관은 불의 기운을 누르고 있고, 은은한 연미색 찻자리의 흑유다기
들은 세상에 불을 밝히려 하고 있는 이중의 장치가 돋보인다.
흑유다기의 매력이 흠뻑 느껴지는 찻자리다.

Setting   문임례

늦가을 외국 손님들을 환영하는 티파티가 열렸다. 고급스러워 보이는 감청색
테이블클로스를 붉은 단풍으로 물들였다. 그리고 각 찻자리에 1인용 매트를 깔아
개별찻자리를 강조하고 있다. 붉은 단풍과 어울린 듬직한 찻주전자와 풍성한
다식이 외국인들을 위한 티파티로 적격이다.

Tea table stylist   김태연

도자기 박달요, 다반 진묵도예

진주 남강의 촉석루는 현대 차문화사에 상징적인 곳이다.
1980년 5월 25일 전국의 차인들이 촉석루에 모여 '차의 날'을 선포한 곳이기
때문이다. 그 역사적인 차문화의 현장에서 선고차인들을 추모하는 차의 날을
기념하는 찻자리를 꾸몄다. 돗자리를 찻자리 삼아 은은한 흑유다관에 차를
우려낸 후 남강에 흘려보낸다.

Setting   박복남
찻자리 진주 촉석루

소박한 항아리 위에 펼쳐진 간결한 입식찻자리다.
황금색 테이블보를 이용해 다탁을 로맨틱한 분위기로 만들어낸 후
비취색 매트위에 차도구들을 배치했다. 땀 흘려 일하다 한잔의 차로
갈증을 금방 풀어낼 수 있는 찻자리로 구석에 놓인 화려한 다화가
전체적인 분위기를 살려주고 있다.

Setting   황명자

도자기 길성요

별다른 배치가 필요 없는 아름다운 다탁과 다관들이다.
세월의 숨결이 느껴지는 듬직한 다탁은 그냥 그대로 있어도 차탁이요
아니어도 다탁일 만큼 빼어나다. 흑유다관들 역시 마찬가지다.
찻잔과 다관 그 어느 것 하나 빠지지 않는 빼어난 장인의 숨결이 그대로
느껴진다. 오직 필요한 것은 차한잔 함께 마실 친구다.

Setting 최향옥

도자기 황담요

삼국을 통일하는데 결정적인 역할을 했던 신라의
화랑들은 차를 마시면서 호연지기를 가다듬었다.
실내에서든 실외에서든 그들에게 차는 빠질 수 없는
필수품이었다. 차를 즐기며 호국의 의지를 다듬었던
신라 화랑들을 생각하며 신라토기로 찻자리를 꾸몄다.
찻자리의 푸른 솔잎이 초개와 같았던 화랑과 잘 어울린다.

Setting   장관호

도자기 서용요

찻자리는 규정이 따로 없다. 보이는 곳 존재하는 모든 것이 찻자리로 바뀔 수 있다. 차인들은 어떤 공간이든 어떤 시간이든 자신이 존재하는 곳을 찻자리로 만들어낼 수 있어야 한다. 그런 점에서 차는 차인들에게 하나의 일상인 것이다. 풍경 좋은 자리에 수 천년을 그 자리에 함께 있었을 것 같은 소나무를 보자 바로 찻자리를 꾸몄다. 가을 자연과 어울리는 소박한 다관을 준비했다. 큰 바위와 함께 유달리 눈에 띄는 큰 물병이 이채롭다.

Setting 장관호

한 겨울 푹신한 소파가 있는 거실을 따끈 따끈한 황차를 마실 수 있는 찻자리로
바꾼다. 옅은 갈색 카페트 위에 놓인 다탁에 밝은 보라색 테이블클로스를 깔아
화사한 분위기를 연출하고 있다. 흰색 매트위에 놓인 워머가 겨울 찻자리의
분위기를 물씬 풍겨낸다.

Setting   이경란

간편하게 차를 마실 수 있는 일인다기 티테이블 세팅이다.
차탁 양편에 연분홍빛 러너를 깔고 그 위에 흰색 일인다기를 3개씩 배치했다.
러너와 러너 사이에 다식과 붉은 다화를 장식 찻자리의 분할을 막고 있다.

Setting   박복남

모든 인간은 홀로 묵상하며 하나님의 말씀을 듣는다. 여행용 다기와 찻잔
하나를 준비해 작은 기도 방에서 묵상에 든다. 그리고 내면에서 울려나오는
하나님의 말씀을 들으며 차 한잔으로 영혼을 축인다. 검은색 테이블과 조화를
이룬 흰 매트와 찻잔이 아름답다.

Setting   이경란

도자기 도원요

찻자리의 미학은 독창적인 창작에 있다. 주변에 있는 모든 사물을 이용해 규모에
맞는 찻자리를 연출해내는 것이 티테이블 세팅의 기본이다. 검정 테이블클로스를
깐 작은 둥근 테이블 2개를 연결 닮은 꼴 찻자리를 만들어냈다. 양 찻자리를
절묘하게 연결하고 있는 도자기 물항아리와 투명한 촛불이
묘한 분위기를 연출하고 있다.

Setting 양계순

검정 무명천에 보라색 러너를 길게 펼치고 이라보 정병, 이라보 다기,
옛 차탁 문살 창문에 걸쳐놓은 다화가 마음을 넉넉하게 해준다.
전통의 아름다움과 현대의 실용성을 겸비한 찻자리를 연출했다.

Setting   최향옥

도자기 주흘요

한 해를 보내는 연말에는 많은 파티가 열린다.

이 찻자리는 크리스마스와 송년 파티에 어울리는 찻자리 연출이다.

거실에 있는 탁자를 은은한 황금색 러너로 덮어 다탁으로 만든다.

붉은 다기, 차, 긴 촛대와 다식을 준비한다.

촛불에 불을 밝히고 붉은 다관에 진홍색 차를 우려내면 아름다운 송년
티파티가 된다. 은은한 촛불 아래 펼쳐진 붉은 다관이 송년의 분위기
를 한껏 고취시킨다.

Setting   이경란

도자기 밝달가마

단순한 도자기 전시회를 찻자리와 함께하는 전시회로 바꾸어 보았다.
전시테이블 위에 다기들과 색깔이 맞는 테이블클로스를 선택하는 것이 가장
중요한 포인트다. 전시되는 다관과 찻잔의 매력을 충분히 살려내기 위해서다.
단순했던 도자기 전시회가 찻자리와 결합되면서 새로운
티테이블의 유형을 만들어내고 있다.

Tea table stylist   김태연

한해를 보내는 송년 티파티의 새로운 모델을 만들어내는 찻자리 연출이다.
가장 중요한 포인트는 마치 포도주처럼 보이는 발효차를 가득채운 멋스러운 유리잔이다.
검은색 테이블클로스에 붉은 천 센터피이스가 일품이다. 다구배치 또한 절묘하다. 검은
색과 붉은색 배경을 압도하는 흰색 워머와 탕관은 마치 소담하게 쌓인 흰 눈을 보는 것
같이 아름답다. 극단적인 색감과 유리잔의 실용성을 살린 보기 좋은 송년 찻자리다.

Tea table stylist 김태연

저녁을 마친 식탁테이블을 즉석에서 찻자리로 바꾸었다.
식탁테이블 중앙에 차와 어울리는 러너를 깔면 바로 아름다운 찻자리
로 변신한다. 중앙러너를 중심을 두고 옥색 도자기 다반을 세팅하여
황차를 우리고 중다식 접시에 다식을 담으니 더욱 돋보인다.
저녁시간 온 가족이 함께할 수 있는 찻자리다.

Setting 강옥숙

도자기 | 林도예

교회의 새 신자실에서 새 가족 또는 알파 환영을
위한 찻자리를 연출했다. 워머에 옥색 러너로 중앙을 분할하고
그 위에 다양한 색깔과 형태의 찻주전자를 얹어 배치했다.
서먹서먹한 분위기를 다담을 나누며 맞이할 수 있는 편안함이
돋보인다. 너무 편안해 자칫 산만한 분위기를 피하기 위해
양쪽테이블 모서리에 작은 다화를 배치했다.

Setting   장관호

차인들의 삶은 차와 뗄레야 뗄수 없이 밀접하다.

여행을 갈 때도 회의를 할 때도 차를 먼저 찾는다.

(사)한국차인연합회 다실에서 임원회의는 일상회의에서 볼 수 있는

찻자리의 진수를 그대로 보여준다. 별다른 장식 없이 간단한 다화와 다식

만으로 꾸민 후 20 -30명이 각자 주머니에 쌓인 1인기 여행용 찻잔을 꺼내 차를

마시면서 임원회의를 하는 모습은 찻자리가 주는 감동을 그대로 느끼게 한다.

Tea table stylist　김태연

찻자리 (사)한국차인연합회 차실

청차
Oolong tea

Oolong tea is half fermented tea, fermented to the level of 15-70%. Oolong tea has both merits of green tea and black tea. Setting the fermentation level in the middle resulted in both the fresh taste of green tea and unique taste of fully fermented dark green tea. Here is the tea table setting for Oolong that helps to taste Oolong tea in the right way.

청차는 발효정도가 15- 70%정도인 반 발효차를 말한다. 청차는 녹차 제다법과 홍차 제다법의 장점을 두루 이용한 것이라고 할 수 있다. 발효 정도를 중간 정도로 하여 녹차에서 느낄 수 있는 산뜻한 향과 완전 발효차인 흑차의 독특한 느낌을 함께 느낄 수 있다. 청차를 제대로 즐길 수 있는 찻자리를 소개해 본다. 대표적인 차로는 철관음, 대홍포, 동방미인, 동정오롱차가 있다.

찻자리의 핵심은 전체적인 조화에 있다. 조화란 상생과 공존의 다른 이름이다.
이 찻자리는 완벽한 조화를 이뤄낸 찻자리의 깊고 그윽한 맛이 어디에 있는지를
너무도 잘 보여주고 있다. 황금색 줄무늬 테이블클로스, 진홍색 정사각 러너, 붉은
색 매트 위에 흰색의 작은 매트를 배치해 점층적인 찻자리를 고도로 압축시키는
절묘한 연출을 하고 있다. 벽장에 전시된 골동품 다관의 아름다움과 잘 어울리는
중국 개완 다기에 철관음을 우려내 그윽한 차맛까지 함께 느끼게 했다.

Tea table stylist　김태연
찻자리 (사)한국차인연합회 박동선 이사장 회의실

도자기 명가원

현대적인 분위기로 한껏 멋을 낸 깔끔한 테이블 위에 두 가지 색깔을
가진 중국 청화백자 다기세트를 연출했다. 청화백자, 진사
다관세트가 흰색 둥근 모시 찻자리 매트와 잘 어울려
현대적인 느낌을 최대한 살려주고 있다.

Tea table stylist   김태연

중국 차실은 언제나 은은한 붉은 기운이 감돈다. 그 붉은 기운아래 목이긴
문향배 찻잔세트에 청차를 마실 수 있도록 해 자칫 침울할 수 있는 전체적인
분위기를 청량하게 만들어내고 있다. 중국 차실의 긴 차탁에 짙은 보라색러너
를 길게 펼쳐 분위기를 더 깊게 해 문향배와 절묘한 조화를 이뤘다.

Setting　박희경
찻자리 한국다도신문 차실

홀로 마시는 차 만큼 진미를 가진 것은 없다. 클래식한 분위기를
가진 차실에서는 혼자 마시는 차가 돋보인다. 갈색 테이블에 시원한
청화백자 찻잔을 배치해 찻자리를 청량한 분위기로 바꾸고 있다.
다탁 아래 붉은 러너가 전체 분위기를 좌우하고 있는 절묘한 포인트다.

Setting   양계순
찻자리 (사)한국차인연합회 박동선 이사장 접견실

도자기 명가원

꽃무늬 테이블클로스 위에 붉은색 매트와 대나무 러너를 깔아 찻자리와 다구들의
영역을 분할했다. 투명한 유리탕관 속의 찻물을 감상 하기위해 키 높은 검은 워머
를 사용 개인들이 차를 우려낼 수 있는 찻자리를 만들어내고 있다. 각기 다른 고
품격 자사호들이 차맛을 돋군다.

Tea table stylist 김태연

중국 다실에서 깨끗한 우롱차를 마실 수 있는 찻자리 연출이다. 넓은 다실다탁에 환한 노란색 매트와 개인 매트를 이용해 주인과 손님의 찻자리를 분할하고 있다. 그리고 무거운 분위기를 바꾸기 위해 다화 대신 푸른 분재소나무를 배치했다. 향긋한 솔내음과 함께하는 우롱차맛이 한결 부드럽다.

Tea table stylist   김태연

도자기 명가원

원목 다탁의 느낌과 분위기를 그대로 살려낸 흰색러너와 백자 문향배로
찻자리를 연출하였다.

Tea table stylist   김태연
찻자리   (사)한국차인연합회 박동선 이사장 집무실

찻자리의 미학 중 하나는 차를
마시는 찻자리에 나오는 다기나
다완을 감상하는 것이다. 좋은 차,
좋은 다기, 좋은 물과 어울린
찻자리 만큼 완벽한 것은 없다.
그래서 찻자리의 기본은 차, 다기,
찻물을 얼마나 제대로 갖추느냐에
있다. 향긋한 청차를 즐기기 위해
준비한 자사호와 문향배가 찻자리
전체를 주도하고 있다.

Setting   윤경숙

찻자리를 찾은 손님들이 각자 흰색 다해에 청차를 우려마실 수 있도록
준비한 찻자리다. 이번 찻자리의 중심은 흰색이다. 테이블 중앙에 깔린
매트에서 시작된 하얀색 퍼레이드는 차탁 양머리에 있는 다식판과 다화
꽂이에서 끝을 맺는다. 테이블 중앙 흰색 도자기 등에서 흘러나온 불빛은
이 찻자리를 완성시키는 끝맺음이다.

Tea table stylist   김태연
찻자리 (사)한국차인연합회 박동선이사장 회의실

도자기 명가원, 도자기 등(燈) 산초도예

도자기 등(燈) 산초도예

일상에서 흔히 벌어지는 찻자리가 가끔은 지루해질 때가 있다.
그때 필요한 것이 오랫 동안 시도해보지 못한 새로운 찻자리를 시도해보는
것이다. 정사각 테이블 두개를 연결하여 초록과 빨강 러너를
대비시켜 연출해낸 찻자리는 차라리 파격에 가깝다.
극단적인 색감을 아름답게 조율하는 것이 바로 흰색 다관들이다.
색과 색의 조율을 통해 연출해낸 찻자리가 일품이다.

Setting 최태자

안방은 정결한 휴식의 공간이다. 그 공간에서 조용한 사색을 즐길 수 있게
하는 것이 바로 차다. 휴식의 공간답게 찻자리는 간결해야 한다. 담백한 청화백자
다해와 다관, 그리고 작은 벽장 속에 있는 푸른 분재가 절묘한 조화를 이루며
찻자리를 신선한 휴식의 공간으로 전환시켜내고 있다.

Setting 박희경
찻자리 한국다도신문 차실

안방에서 즐기는 여성들의 찻자리는 은은하면서도 섬세하다.
팔각찻상에 워머와 작은 다화를 꽂고 빨강, 파랑, 청색의 멋스러운 개완배를 사용해
차를 마신다. 찻상과 다탁 그리고 개완배의 멋스러움을 살린 여성스러운 찻자리다.

Setting   최태자

Black tea table setting

Black tea is a common name for fermented tea, and it started to be called Black tea when European drank the tea in Japan in the 19c. Chinese Kimoon, English Darsling, and Sri Lankan Uva are famous for Black tea. Black tea has been produced in our country recently. Here is the guideline for appropriate black tea table setting.

찻잎을 발효시켜 만든 차의 통칭으로 19세기 일본에서 유럽인이 마시는 차의 빛깔이 붉다고 해서 홍차라고 부르기 시작했다. 중국의 기문, 영국의 다즐링, 스리랑카의 우바가 유명하다. 최근 우리나라에서도 홍차를 생산하고 있다. 홍차에 맞는 티테이블 세팅을 소개해본다.

홍차는 전체적인 분위기가 화려한 것이 특징이다. 따로 테이블클로스를
덮지 않고 자주색과 옥색의 이중 러너를 이용해 고급스러운 이미지를 연출했다.
이국적인 촛대, 3단 다과로 풍성한 느낌을 주고 있다. 흰색 레이스 매트,
고급스러운 흰색 찻잔들을 배치 간결하고 기품 있으면서도 개성 있는 찻자리를 만들어냈다.

Setting 박희경
찻자리 한국다도신문 차실

뜨거운 여름 시원한 아이스티를 시원
하게 마실 수 있는 티테이블 세팅이다.
컬러풀한 유리잔과 강렬한 매트를
사용해서 아이스티(냉홍차)를 내본다.
매트를 살짝 내려서 세팅한
찻자리가 돋보인다.

Setting 박지혜

화려하고 품격있는 홍차 찻자리의 모던한 전형을 연출했다.
검정색 테이블클로스 은색 매트, 중앙의 흰색 자수러너가 마치 고속도로처럼
시원스럽게 뻗어있다. 고급스러운 찻주전자와 찻잔 그리고 긴 목을 가진 초와
장미꽃 다화까지 모든 것이 완벽하게 세팅됐다.

Tea table stylist 김태연
찻자리 한국다도신문 차실

가족들의 식탁을 간단한 테이블클로스와 러너를 사용해 홍차를 즐겁게 마실 수
있는 찻자리로 꾸몄다. 가장 키포인트는 이중 테이블클로스와 실크러너를 사용해서
홍차 찻자리의 분위기를 살린 것이다. 푸른매트 위에 단정히 놓인 붉고 노란
찻잔들이 홍차와 더불어 교향곡을 연주하고 있다.

Setting 이종임

Flower tea table setting

All the tea made from flowers is called Flower tea. Chrysanthemum tea, apricot flower tea, and jasmine tea are representative Flower tea. Flower tea is generally served in a glass teacup to help to enjoy the pleasure of watching the flower in the tea. Flower tea that possesses various colors gives another.

꽃으로 만든 모든 종류의 차를 화차로 부른다. 대표적으로는 국화차, 매화차, 자스민차 등이 있다. 화차는 통상적으로 꽃을 감상하는 즐거움 때문에 유리 찻잔을 사용하는 경우가 많다. 각양 각색의 색깔과 탕색이 나오는 화차는 차를 마시는 또 다른 즐거움을 준다. 화차를 이용한 티테이블 세팅을 소개해본다.

12월 성탄 찻자리를 말리화차로 꾸며 보았다. 예수님 탄생의 기쁨을 흘러내리는 검정
색 테이블클로스로 상징화하고 빨강 초록 러너를 십자로 연출했다. 유리 다기에 말리
화차로 꽃이 피어나는 모습은 성탄을 기념하는 찻자리로 손색이 없다.

Setting   이경란

 화차는 계절차 이기도 하다. 봄에는 매화, 가을에는 국화등
다양한 계절 꽃을 느끼고 감상할 수 있기 때문이다.
가을을 즐길 수 있는 화차는 바로 국화차다. 국화차를
유리 다기에 우려서 유리 찻잔에 국화 한송이 띄워
감상하면 그 자체가 이미 아름다운 찻자리로 변신한다.

Setting   최복희

대용차인 오미자 냉차를 이용해
시원한 여름찻자리를 만들었다.
투명한 유리잔을 사용해 붉은
오미자차의 시각적인 효과를 최대한
살려냈다. 테이블클로스 위에 화려한
러너 2장을 포인트로 주었다.

Setting 윤경숙

무더운 여름철 장로님들이 당회를 할 때 미리 준비된 냉녹차와 오미자 냉차를
투명한 유리잔을 사용한 것이 시원함을 느낄 수 있게 한다.

Tea table stylist 김태연
찻자리 서울제일교회 당회실

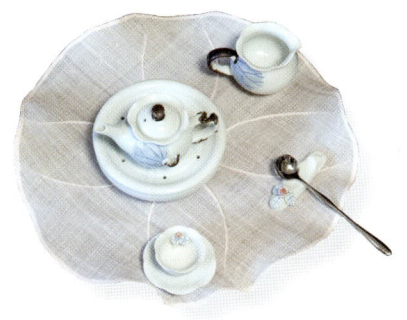

어린이 **차 스자리**

Children's tea table setting

Tea resembles children in terms of purity. It has purifying power of cleaning the corrupt world. Children and tea are similar regarding the character. Through learning about tea, people can learn right-mind and proper manners. This is the reason that many kindergartens and schools teach about the culture of tea. It can build an upright character with a sound mind and body through the cardinal principles of the basic spirit of tea: righteousness, self-discipline, awareness, and virtue. There are many ways of applying children's tea table settings to all living and education.

차는 순진무구한 어린이들을 닮았다. 혼탁한 세상을 청정하게 하는 정화의 힘이 있기 때문이다. 그런 점에서 어린이와 차는 닮았다. 차는 올바른 정신과 예절의 규범을 알게 하는 좋은 교육의 교재이다. 최근 들어 많은 유치원이나 학교에서 학생들에게 차 교육을 가르치는 이유가 바로 거기에 있다. 차의 근본정신인 정(正)행(行)검(檢)덕(德)의 요체를 통해 심신을 안정시켜 올바른 인성을 심어줄 수 있기 때문이다. 생활과 교육적인 측면에서 다양하게 활용할 수 있는 어린이 찻자리를 소개해본다.

어린이 찻자리의 기본은 어린이들을 위한 차 도구를 마련하는 것이다.
어린이들의 눈높이, 손 높이에 맞는 다구들을 구비하는 것이 필수적이다.
그 다음이 어린이들을 찻자리로 끌어올 수 있는 특별한 미적 감각이다.
놀이와 교육이라는 두 마리의 토끼를 잡을 수 있는 테이블세팅이 필요한 것이다.
작고 귀여운 진사다관과 노란색다관, 먹음직스러운 다식이 어린이들을 유혹하고 있다.

Setting   박지혜
진주 Seed kids land(5세) 아이들이 즐겁게 찻자리를 즐기고 있다.
좌로부터 정현수, 강현욱, 정시온, 박경모

도자기 도정요

차 교육은 어린이들의 행동을 예의롭게 한다. 차를 통해 바른 예절이
갖는 아름다움을 스스로 체득할 수 있기 때문이다. 어린이 말차 행다례는
그런 점에서 매우 중요하다. 자칫 까다로울 수 있는 말차 행다례 교육을 통해
스스로가 차를 일상의 한부분으로 받아들일 수 있기 때문이다. 다완 보자기에서
부터 다화 다식까지 완벽하게 갖춘 찻자리에 둘러 앉아 한잔의 말차를 마시는
어린이들 모습이 의젓하다.

Setting   이정아
찻자리 예원유치원

어린이 다도와 예절 교육의 시작은 환경조성이 가장 중요하다.
엄격한 듯 하면서도 자유로운 분위기를 연출하는 것이 가장 중요하다.
먼저 원형의 공간을 만들어 일반 공간과 차 교육의 공간을 분리해 약간
의 긴장감을 조성하고, 사각 찻상을 통해 찻자리의 엄격함을 배우게
하고, 다화를 통해 즐거운 상상력을 주고 있다.

Setting 이정아
찻자리 예원유치원

사각찻상 농암 박봉규

도자기 석보도예

청백의 조화를 이룬 깨끗한 다구를 사용해 어린아이의 순수함을
표현해냈다. 사각의 작은 찻상위에 놓인 작고 귀여운 흰색 다구들은
보는 사람들로 하여금 순수함을 그대로 느낄 수 있게 한다.
어린이들의 마음을 담은 듯한 깨끗한 다구를 통해 차의
신선한 맛을 느낄 수 있게 하고 있다.

Setting 이경옥

298

도자기 백두요

핑크색 찻자리를 어린이들을 위해 펼쳤다. 밝고 화사한 핑크색 위에 삼베원형
매트를 깔고 흰색 다관들을 놓았다. 이 찻자리의 포인트는 바로 나뭇잎 위에
놓인 호롱불. 산만한 어린이들의 마음을 다스릴 수 있는 찻자리 연출이다.

Tea table stylist   김태연

어린이들을 위한 입식 티파티를 연출했다.

일반차인들을 위한 티파티를 축소시켜 놓은 듯한 어린이 티파티는

깨끗하고 청결한 분위기가 매우 중요하다. 깨끗한 분위기로 찻자리를

연출하여 꼬마 손님들에게 정성을 다하여 차를 우려내는 것을 통해

찻자리의 즐거움을 느끼게 할 수 있다.

Setting 박지혜

도자기 산곡요

자연과 어울림이 되어 티파티의 진수를 보여주는 찻자리이다.
연두색 테이블클로스 위를 러너로 중앙 분할하고 큼직한
다식 그릇 위에 그림처럼 놓인 다식이 오늘의
주인공이라고 이야기하는 듯하다.

Tea table stylist 김태연
찻자리 모란 미술관

봄날 오후 가든에서 다우들과 티파티를 열어본다. 직사각 쟁반을 사용한
찻잔과 다식을 두고 다담을 나누며 러너에 그려진 가인 김미자 선생의
작품을 감상한다.

Tea table stylist   김태연
다식 김미자, 찻자리 모란 미술관

도자기 산곡요

304

러너 그림 김미자 화백

Tea table creator

찻자리 연출 지도 교수 : Tea table stylist 김태연

박복남 (사)한국차인연합회 진주성차회
한애란 (사)한국차인연합회 새재다례원
황명자 (사)한국차인연합회 다송차회
이정아 (사)한국차인연합회 예정다도교육원
　　　　세계기독교차문화협회 서울예정지부
최태자 (사)한국차인연합회 늘푸른차회
　　　　세계기독교차문화협회 대구늘푸른지부
최향옥 (사)한국차인연합회 통영차인회
　　　　세계기독교차문화협회 통영샤론지부
장관호 (사)한국차인연합회 관호정차회
　　　　세계기독교차문화협회 미국워싱턴D.C지부
윤경숙 세계기독교차문화협회 진주특별지부
문임례 (사)한국차인연합회 지리산다례원
　　　　세계기독교차문화협회 하동특별지부
김늠이 (사)한국차인연합회 밀양다향원
　　　　세계기독교차문화협회 밀양특별지부
양계순 세계기독교차문화협회 서울엘림지부
강옥숙 세계기독교차문화협회 경기실로암지부
박희경 보광차문화연구원 원장
이경옥 (사) 한국차인연합회 세계기독교차문화 이레차회
　　　　세계기독교차문화협회 서울이레지부
이경란 세계기독교차문화협회 캐나다벤쿠버지부
신필향 세계기독교차문화협회 부산예향지부
이종임 (사) 한국차인연합회 세계기독교차문화 방주차회
　　　　세계기독교차문화협회 목포방주지부
최복희 세계기독교차문화협회 회원
박지혜 세계기독교차문화협회 회원

다식

김미자 (사) 한국차인연합회 가인다예연구원
최태자 세계기독교차문화협회 대구 늘푸른 지부

Contributors

김윤태 상주요 051-727-3187
부산광역시 기장군 일광면 이천리 421-1

길성 길성요 055-883-8486
경남 하동군 진교면 백련리 352-5

김억주 황담요 054-572-1765
경북 문경시 마성면 신현리 506-1번지(봉생마을)

이수백 신라민요 051-721-2891
부산광역시 기장군 기장읍 서부리 252번지

백철 석보도예 031-631-8565~6
경기도 이천시 신둔면 인후2리 357번지

장기덕 청봉도예 055-353-5592
경남 밀양시 단장면 단장리 109-2번지

김상곤 진묵도예 031-632-2230
경기도 이천시 모가면 진가리 210번지

명가원 02-736-5705
서울 종로구 견지동 32-3

향토빛 031-635-5727
경기도 이천시 사음동 539 향토빛

다소원 053-255-6179
대구광역시 중구 종로2가 70번지

박부원 도원요 031-766-4476
경기도 광주시 초월읍 대쌍령리 89-4번

구성회 미도요 031-766-6655~6
경기도 광주시 초월면 대쌍령리 288-1

여상명 밝달가마 055-933-6578
경남 합천군 가야면 치인리 872번지

이정환 주흘요 054-571-2368
경북 문경시 문경읍 진안리 14-1번지

안창호 도정요 031-634-3607
경기도 이천시 모가면 진가리 271-4

윤창민 포일요 055-353-9428
경남 밀양시 산내면 임고리 2679번지

김경수 백두요 011-814-2412
경북 문경시 문경읍 관음리 528-1번지

정성환 박달요 054-746-6225
경북 경주시 내남면 박달3리 1174번지

김종필 관문요 054-572-3931
경북 문경시 문경읍 당포3리 772

신현철 신현철 도예연구소 | 이광 백담도요 | 황동구 일송요 | 김시영 가평요 | 안홍관 지암요 |
손광수 소석도예 | 김경식 영남요 | 이경호 토곡요 | 박용태 안남요 | 박일용 청암 민속도예 |
조정우 여농 미술관 | 장영진 산초도예 | 김평 묵전요 | 박노찬 림도예 | 정철수 몽평요 |
박종일 서동요

한국의 아름다운

초판 1쇄 인쇄 2009년 4월 30일
초한 1쇄 발행 2009년 5월 8일

저   자 김태연
발   행 세계기독교차문화협회
출   판 차와문화
디자인 윤미연
사   진
이원근 김동식 윤미연

등록 2009년 4월 10일
copyright ⓒ 2009 by Kim, tae yeon
대표전화 031-511-3122
차와문화 070-7761-7208

이 책은 저자 김태연이 차와문화에 의뢰하여 제작하였습니다.
저자의 허락없이 글과 사진의 무단 전재와 무단 복제를 금합니다.

값 39,000 원
ISBN 978-89-962499-0-0